KB171256

AI 플레이그라운드

한선관, 류미영, 정유진 지음

BM (주)도서출판 성안당

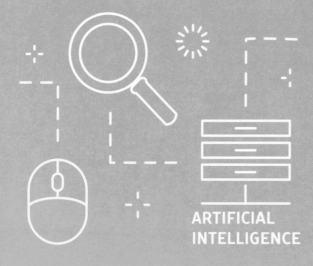

ARTIFICIAL
INTELLIGENCE

AI
플레이
그라운드

한선관, 류미영, 정유진 지음

BM (주)도서출판 성안당

ARTIFICIAL
INTELLIGENCE

저자 서문

AI 플레이그라운드에 오신 것을 환영합니다.

인공지능 놀이터는 미래의 주역을 기다리고 있습니다.

AI 또는 인공지능을 들으면 혹시 로봇이 떠오르나요? 영화에서나 보았던 놀랍고도 무서운 터미네이터 또는 핵무기를 폭파하여 인간을 파괴하는 컴퓨터가 연상되나요? 아니면 가깝게는 휴대폰의 시리(Siri), 빅스비 등 음성 인식 서비스나 구글의 자율주행 자동차가 생각난다고요?

과연 이것이 인공지능의 모든 것일까요? 인공지능은 인간의 지능을 모방한 알고리즘입니다. 무언가 실행되고 놀라운 결과를 보여주지만 그 실체가 보이지도 않고 손에 잡히지도 않으니 이해하기 어려운 것이 바로 인공지능입니다.

Seeing is Believing 보는 것이 믿는 것입니다. 인공지능을 이해하려면 무엇인지 구체적으로 보아야 인공지능의 실체를 믿을 수 있습니다. 이 책은 인공지능을 직접 만나 볼 수 있도록 구체적인 AI 사례를 제시하고 있습니다.

Playing is Understanding 놀다 보면 이해가 됩니다. 나와 동떨어진 먼발치에 있는 것으로 두고 보지 말고 바로 앞에 두고 만지고 조작하고 함께 놀다 보면 인공지능에 대해 제대로 이해가 됩니다. 친해지면 인공지능을 잘 알게 됩니다.

Doing is Learning 직접 해봐야 학습이 됩니다. 인공지능을 제대로 배우려면 직접 실행하고 실험해 봐야 합니다. 이론을 읽거나 암기하고 보는 것만으로는 부족합니다. 놀아보는 과정을 지나 직접 구동해보고 실행 결과에 대해 의심하고 더 나은 방법이 있는지 찾아보고 탐구하는 과정에서 인공지능을 제대로 배우게 됩니다.

Making is Challenging 만들며 도전하세요. 제작자(Maker)의 세상이 되었습니다. 무엇인가를 만드는 인간이 미래의 인류가 갖추어야 할 조건입니다. 인공지능을 눈으로 보고, 손으로 놀아보며 조작하다 보면 직접 만들고 싶어집니다. 인공지능을 스스로 학습시키고 만들다 보면 미래 사회가 보일 것입니다. 인공지능의 문제점에 대해서도 고민하게 됩니다. 이렇게 하다 보면, 미래 사회에 도전하는 자신을 발견하게 될 것입니다.

Dreaming is Changing 꿈을 꾸면 변화를 주도하게 됩니다. 문제를 해결하기 위해 그리고 미래 사회에 도전하기 위해 노력하는 과정에서 자신의 진로와 미래를 꿈꾸게 됩니다. 꿈을 좇아

가다 보면 자신은 물론이고 사회가, 국가가, 세상이 서서히 변화하고 그 변화의 중심에 여러분이 서 있게 될 것입니다.

이제 간단한 인공지능을 체험해 보도록 하겠습니다. 파란 하늘을 배경으로 가을 길을 걷다 보면 우리 눈을 사로잡는 꽃이 보입니다. 다음 사진의 꽃 이름을 혹시 알고 있나요?

▲ 구절초

▲ 벌개미취

▲ 쑥부쟁이

모두 들국화라고요? 네 반은 맞고 반은 틀립니다. 꽃 이름은 왼쪽부터 순서대로 구절초, 벌개미취, 쑥부쟁이입니다. 가을꽃 말고도 봄여름에 피는 비슷한 꽃도 다음과 같이 많습니다.

▲ 데이지(여름구절초)

▲ 마가렛

▲ 금계국

식물도감 사전을 찾아 꽃 이름을 외워도 그때 뿐이고 얼마 지나지 않아 기억에서 사라지고 꽃이름이 떠오르지 않습니다. 과거 우리의 기억과 지식은 나이든 노인의 경험과 지혜를 통해 배우고 전해져 왔습니다. 문자가 발명되면서 인류의 지식과 지혜를 글로 남겼습니다. 이때에도 문제 상황에서 바로 지식을 사용하기 위해 우리의 뇌를 이용하여 기억하고 학습하며 문제를 해결하였습니다. 컴퓨터가 등장하면서 인간의 뇌에 기억하는 대신 기억 장치에 저장하고 정해진 문제를 해결하였으나 인간처럼 지능적인 처리는 쉽지 않았습니다. 여전히 인간의 뇌에 기억하고 학습하고 인식해야 하는 과제가 남아 있는 것입니다.

하지만 인공지능의 등장으로 이제는 굳이 꽃의 이름을 외우거나 특징과 약효 등을 외우고 고민할 필요가 없게 되었습니다. '꽃검색'하는 인공지능 앱으로 다음과 같이 식물 사진을 찍으면 꽃이름과 이미지, 특징 등을 전문가처럼 설명해주고 있습니다.

▲ 꽃검색 서비스를 이용하면 촬영한 이미지를 통해 꽃의 이름을 찾아낼 수 있다.

 이제는 무겁게 식물도감을 들고 다니거나 꽃을 모두 외울 필요가 없습니다. 인공지능 도구를 잘 활용하면서 처한 문제를 해결하면 되는 세상이 된 것입니다. 인공지능이 옆에서 도와주면서 우리는 더 창의적이고 발전적인 지능적 활동에 뇌를 사용할 수 있게 된 것입니다.

 이 책에서는 어려운 인공지능의 이론, 알고리즘 그리고 이를 구현하는 코딩 방법을 설명하지 않고 AI와 직접 놀아보고 실행하며 기계가 학습할 수 있도록 만드는 과정을 통해 쉽게 인공지능을 안내하고 있습니다. 인공지능으로 구현된 게임, 음악, 연주, 그림, 예술, 학습, 언어와 관련된 AI 도구를 다양하게 소개하고 놀이터를 구성하여 초보자들도 쉽게 인공지능을 이해할 수 있습니다. 또한 구글에서 최근 공개한 인공지능 실험실을 하나씩 탐험하면서 AI가 어디까지 개발되어 왔고, 앞으로 어떻게 발전하는지 그 미래를 소개하고 있습니다.

 이 책의 아이디어를 위해 경인교육대학교 미래인재연구소, 인공지능교육연구소 멤버들과 한국 인공지능교육학회에서 많은 조언과 도움을 주었습니다. 훌륭한 책으로 나오도록 도와주신 ㈜성안당 조혜란 부장님과 최옥현 상무님 그리고 이종춘 회장님께 감사의 마음을 전합니다.

 앞서 이야기한 것처럼 이 책을 통하여 인공지능에 대한 두려움을 버리고 직접 AI를 눈으로 확인하고 손으로 만지고 놀아보면서 배우고 만들어 보길 바랍니다. 미래 기술이 만들어가는 새로운 사회에 대해 상상해 보고 인공지능 기술에 도전하여 미래를 변화시키는 주역이 되기를 기대합니다.

2020년 9월

인공지능 플레이그라운드에서 저자 일동

이 책을 보는 법

①
사이트소개

인공지능을 마음껏 체험할 수 있는 사이트들을 소개합니다.

②
AI 플레이
그라운드

이 사이트들의 기능과 버튼, 실행 방법, 각종 모드를 가르쳐드립니다.

③
AI와 놀아보기

실습할 주제와 순서, 실습 방법을 안내하여 수업 시간에 효과적으로 적용할 수 있습니다.

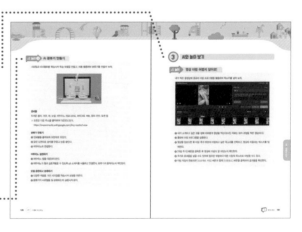

놀이

실습으로 익힌 AI의 기능을 다양하게 활용하며 즐길 수 있는 방법을 안내합니다.

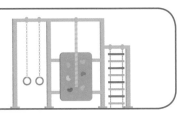

이것도 알아두면 좋아요!

책 내용을 이해하는데 플러스가 되는 팁을 소개합니다. ……………

여기서 잠깐!

비교가 되는 기능이나 팁에 대한 주제를 던지고 실행 기능을 직접 보여 드립니다. ……………

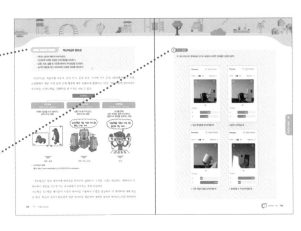

AI 알기

인공지능의 기초 이론과 연구되고 있는 과제들을 설명합니다. 인공지능을 멀리 깊이 있게 바라볼 수 있게 해줍니다. ……………

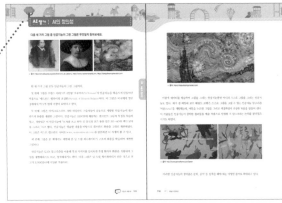

부록 / 구글 AI 실험실

학생이 스스로 해볼 수 있는 다양한 AI 실험실 주제들을 소개합니다. 그림을 그리고, 노래하고, 손으로 글자를 바꾸고, 소리를 맞히고, 사진을 만화로, 사진을 음악으로 바꾸고…. 목록만 봐도 흥미진진합니다.

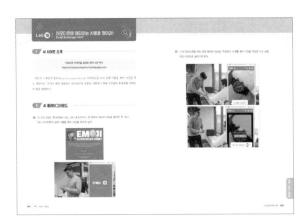

차 례

1부

게임

음악 게임과 함께 하는
인공지능

오케스트라 지휘하기

1 AI 사이트 소개

세미-컨덕터

https://semiconductor.withgoogle.com

'준 지휘자'라는 뜻의 구글 세미-컨덕터(Google Semi-conductor)는 AI가 몸의 움직임을 인식하여 사용자가 마치 지휘자가 되어 오케스트라를 지휘하는 듯한 기분을 느낄 수 있게 해준다. 지휘하는 곡은 오스트리아의 작곡가 볼프강 모차르트의 세레나데인 '아이네 클라이네 나흐트무지크'로, 웹캠에 인식된 몸동작이 왼쪽인지 오른쪽인지 혹은 팔의 높이가 높은지 낮은지에 따라 곡의 템포, 소리 크기, 악기의 종류를 조절하며 지휘할 수 있다.

2 AI 플레이그라운드

크롬 브라우저를 활용하여 한국어로 번역한 후 사용하면 편리하다. 사이트 첫 화면의 [스타트] 버튼을 클릭한다.

팔을 움직여 오케스트라를 연주할 것이며, 빠르게 움직일수록 빨라진다는 안내가 나온다. [다음] 버튼을 클릭한다.

팔을 위아래로 움직이면 소리의 크기를 조절할 수 있다는 안내가 나온다. [다음] 버튼을 클릭한다.

팔을 좌우로 움직이면 악기의 어떤 섹션을 연주할지 제어할 수 있다. 이때 왼쪽을 지휘하면 높은음의 관현악기를, 오른쪽을 지휘하면 낮은음의 관현악기를 연주할 수 있다.

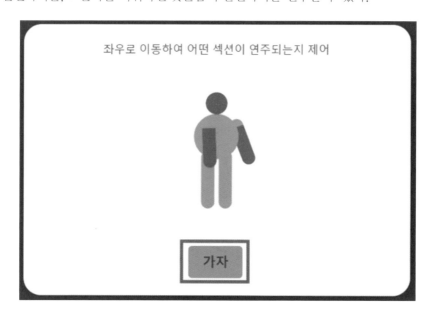

[↺] 버튼을 클릭하면 다시 처음 화면으로 돌아간다. [?] 버튼을 클릭하면 사이트 작동 원리에 대한 설명을 확인할 수 있다.

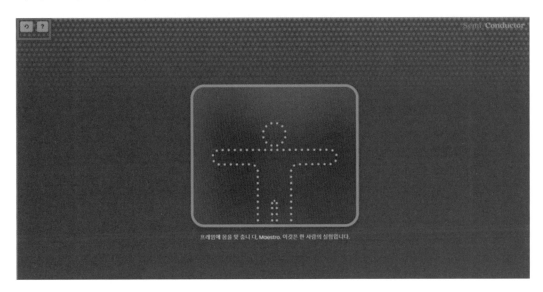

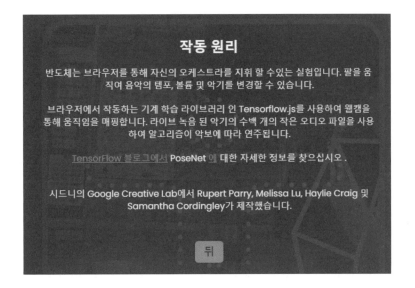

작동 원리

반도체는 브라우저를 통해 자신의 오케스트라를 지휘 할 수있는 실험입니다. 팔을 움직여 음악의 템포, 볼륨 및 악기를 변경할 수 있습니다.

브라우저에서 작동하는 기계 학습 라이브러리 인 Tensorflow.js를 사용하여 웹캠을 통해 움직임을 매핑합니다. 라이브 녹음 된 악기의 수백 개의 작은 오디오 파일을 사용하여 알고리즘이 악보에 따라 연주됩니다.

TensorFlow 블로그에서 PoseNet 에 대한 자세한 정보를 찾으십시오 .

시드니의 Google Creative Lab에서 Rupert Parry, Melissa Lu, Haylie Craig 및 Samantha Cordingley가 제작했습니다.

뒤

이제 사이트 중앙 프레임에 자신의 몸을 인식시켜 AI가 지휘자를 인식할 수 있도록 해 준다.

프레임에 몸을 맞 춥니 다, Maestro. 이것은 한 사람의 실험입니다.

프레임에 몸을 맞 춥니 다, Maestro. 이것은 한 사람의 실험입니다.

인식이 완료되면 세레나데 연주가 시작된다. 화면 위에서 곡의 진행 정도를 확인할 수 있고, 화면 아래에서 지휘하고 있는 몸동작 인식 장면을 확인할 수 있다.

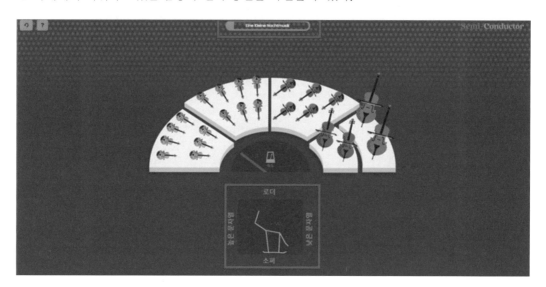

왼팔, 오른팔을 움직여 보고 이때 팔의 높이도 달리 연주하다 보면 오케스트라 연주가 바뀌는 것을 확인할 수 있다.

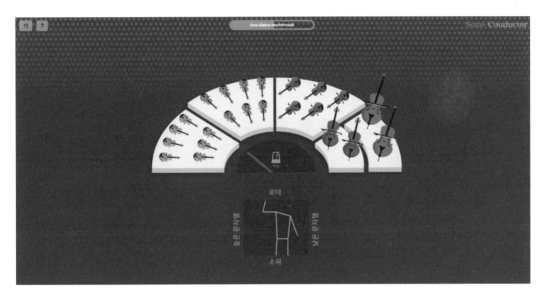

연주가 종료되면 '브라보!'라는 말과 함께 꽃이 떨어지며, 다시 지휘하고 싶다면 [다시 재생] 버튼을 클릭하면 된다.

③ AI와 놀아보기

🔗 놀이 ▸ 지휘하는 내 모습은 어떨까?

지휘하는 모습을 영상으로 찍어 확인해 보자.

❶ 구글 세미-컨덕터를 실행한다.

❷ 지휘하는 모습을 영상으로 촬영한다.

❸ 지휘하는 모습에 따라 음악이 어떻게 달라졌는지 확인한다.

Bach Doodle 🔍

2

AI로 바흐 되기

① AI 사이트 소개

요한 제바스티안 바흐 기념 인공지능으로 작곡하기

https://www.google.com/doodles/celebrating–johann–sebastian–bach

구글은 특별한 날을 기리기 위해 일시적으로 메인 페이지 로고를 바꾸는데 이를 '구글 두들 (Google Doodle)'이라고 한다. 작곡가 요한 제바스티안 바흐의 탄생일을 기념하여 제작했던 이 구글 두들은 사용자가 임의의 멜로디를 입력하면 AI가 자동으로 바흐의 스타일로 음악을 작곡해 준다. 자세히 설명하자면, 사용자가 멜로디(소프라노)를 작곡해 넣으면 바흐의 스타일로 알토, 테너, 베이스의 4성부를 완성하여 화음을 넣어 들려 준다. 이는 인공지능을 개발한 구글의 마젠타 (Magenta)가 개발한 머신러닝 모델 코코넷(Coconet)을 기반으로 가능했다. 이 코코넷이 300곡이 넘는 바흐의 작품을 바탕으로 멜로디를 만들어낸다. 이 프로그램을 통해 완성한 음악을 다운로드하여 저장할 수도 있으며, 바흐의 음악을 학습 중인 AI 데이터 세트에 추가해 줄 수도 있다.

② AI 플레이그라운드

바흐 구글 두들 메인 화면에서 화살표를 클릭하면, 더욱 자세한 내용을 볼 수 있다.

요한 제바스티안 바흐와 화음에 대한 소개가 나온다. 프로그램을 여러 번 사용하여 소개를 듣지 않아도 되면 화면 오른쪽 아래의 [소개 건너뛰기] 버튼을 누르면 된다.

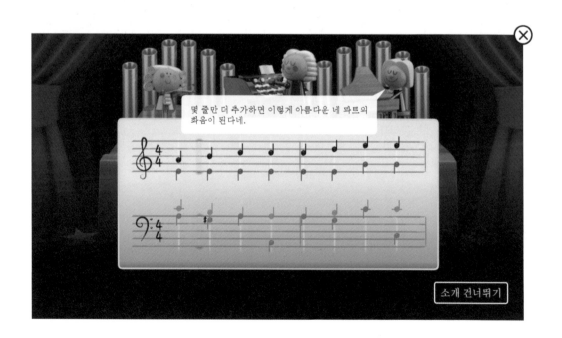

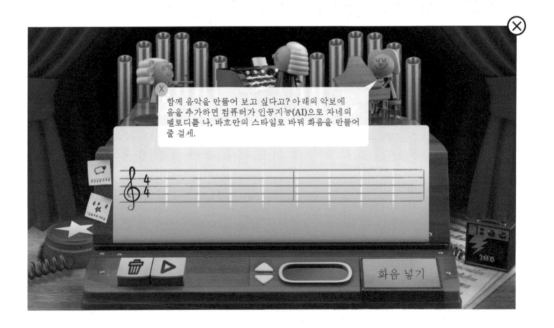

자신이 생각하는 멜로디를 악보에 추가한다. 이때 음표를 지우고 싶다면 한 번 더 클릭하면 삭제할 수 있다. 오른쪽 아래의 [화음 넣기] 버튼을 클릭해 보자.

내가 입력한 멜로디를 소프라노로 해서 바흐 스타일로 알토, 테너, 베이스의 화음이 추가되어
곡이 완성되었음을 확인할 수 있다.

화면 중앙에는 방금 만들어진 곡에 대해 평가를 할 수 있다.

만약 곡이 마음에 들지 않을 경우 [] 버튼을 클릭하면 다른 화음을 완성하여 보여준다.

연주가 종료되면 '브라보!'라는 말과 함께 꽃이 떨어지며, 다시 지휘하고 싶다면 **[다시 재생]** 버튼을 클릭하면 된다.

![MIDI 다운로드 아이콘]	완성한 음악 파일 컴퓨터에 다운로드 가능
![일시정지 아이콘]	음악 일시 정지
![새로고침 아이콘]	새로운 화음 생성
![공유 아이콘]	페이스북, 트위터 등 공유
![연필 아이콘]	처음 멜로디 작성 화면으로 돌아가기
![휴지통 아이콘]	멜로디 삭제하기
![돋보기 아이콘]	요한 제바스티안 바흐 검색 결과를 확인

▲ 버튼별 상세 기능

기본으로 제공되는 멜로디를 확인하고 싶다면 왼쪽의 양, 별 그림의 메모지를 클릭해 보자.

화면 왼쪽의 [] 버튼을 클릭하면 음악의 조를 바꿀 수 있다.

화면 아래 [🗑] 버튼을 클릭하면 만들었던 멜로디가 삭제되고 [▶] 버튼을 클릭하면 지금까지 내가 완성한 멜로디를 연주하여 들어볼 수 있다.

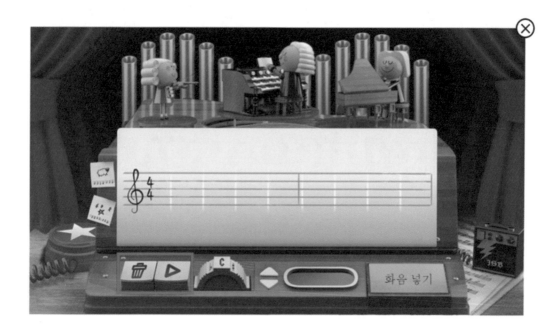

화면 아래의 [⬍] 버튼을 클릭하면 내가 원하는 bpm을 설정할 수 있다.

화면 오른쪽 아래의 [] 버튼을 클릭하면 전자음 모드로 전환된다.

3 AI와 놀아보기

🔗 놀이　나도 이제 작곡가!

바흐 두들 프로그램으로 원하는 멜로디를 작곡하여 공유해 보자.

❶ 연주하고 싶은 멜로디를 입력한다.

❷ 바흐 두들 프로그램으로 만들어진 두 마디의 화음 멜로디를 확인한다.

❸ 오선지에 해당 멜로디를 옮겨 적고 다음 부분 멜로디도 작곡해 본다.

❹ 한 곡을 완성할 때까지 멜로디를 만들어 본다.

❺ 완성된 곡을 연주하여 다른 사람들과 공유한다.

2부

형태와 인식
형태를 알아보는 인공지능

Quick Draw

빨리 그리기

 AI 사이트 소개

퀵 드로우

https://quickdraw.withgoogle.com

머신 러닝 기술이 학습을 통해 낙서를 인식할 수 있을까요?

여러분의 그림으로 머신 러닝의 학습을 도와주세요. Google은 머신 러닝 연구를 위해 세계 최대의 낙서 데이터 세트를 오픈소스로 공유합니다

시작하기

퀵 드로우(Quick, Draw!)는 말 그대로 '빨리 그리기' 게임이다. 사용자가 주어진 제시어를 20초의 제한 시간 동안 빠르게 그리면 컴퓨터가 그림의 답을 맞힌다. 컴퓨터는 어떻게 사람들이 그린 그림이 무엇인지 맞힐 수 있는 것일까? 사이트의 첫 화면에 나와 있듯 머신러닝 기술이 학습을 통해 낙서를 인식하게 하는 것이 그 원리이다. 즉, 사람들이 스케치한 자료를 바탕으로 컴퓨터가 딥러닝을 하고 있으므로 가능하다. 이 게임에 참여하는 동안 사람들은 다양한 스케치를 남기게 되고 이는 딥러닝 모델을 학습시키기 위한 데이터 세트로 활용된다. 이미 10억 개가 넘는 데이터 세트를 확보할 수 있었으며 지금도 꾸준히 데이터를 모아 정확성을 높여가고 있다.

② AI 플레이그라운드

❶ 크롬으로 접속하면 번역된 화면을 제공해 사용이 편리하다. 사이트 첫 화면에서 [시작하기] 버튼을 클릭한다.

❷ 총 여섯 문제가 제시되며, 한 문제 당 제한 시간은 20초다. **[알겠어요!]** 버튼을 클릭하게 되면 해당 제시어를 그릴 수 있는 흰 화면이 나타난다.

❸ 제시어를 그리다 보면 컴퓨터가 답을 추측하기 시작한다. 20초가 채 되지 않더라도 제시어가 무엇인지 맞추면 다음 문제로 넘어간다. 오른쪽 위에 그림을 지울 수 있는 **[지우개( )], [다음 문제로 넘어가기( )], [화면 끄기( )]** 버튼이 있다.

❹ 여섯 문제를 다 풀고 나면 최종 결과를 보여준다. 해당 낙서를 클릭하면 신경망이 무엇으로 인식했는지 알아볼 수 있다.

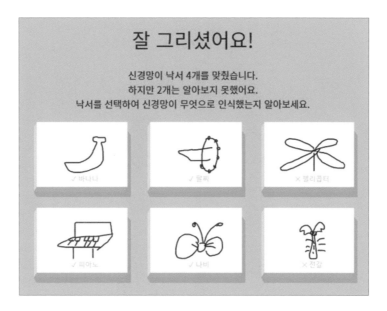

앞 화면에서 세 번째 제시어로 나왔던 헬리콥터를 클릭해 보면 신경망은 이 그림이 천장 선풍기나 가위, 펜치랑 더 비슷하다고 인식했다는 것을 확인할 수 있다.

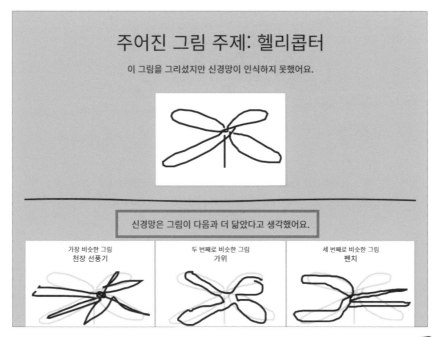

첫 번째 제시어인 바나나를 클릭해 보면 다른 사람들은 바나나를 어떻게 그렸는지 확인할 수 있다.

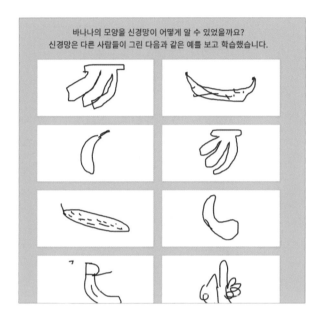

이제 우리가 그린 그림이 어떻게 퀵 드로우의 딥러닝 모델 데이터로 활용되는지 확인해 보자. 다시 처음 화면으로 돌아와서 **세계 최대의 낙서 데이터 세트**를 클릭한다.

그러면 지금까지 1,500만 명이 넘는 사람들이 그린 5천만 개의 그림 데이터를 확인해 볼 수 있다. 그중 '사과'를 클릭하여 사람들이 사과를 어떻게 그렸는지 확인해 보자.

이 사과 모양 중 내가 생각했을 때 사과라고 생각할 수 없는 이미지가 있다면 클릭하여 **부적절한 것으로 신고**를 선택해 준다. 그러면 그러한 데이터들은 따로 분류하여 머신러닝의 정확성을 높인다.

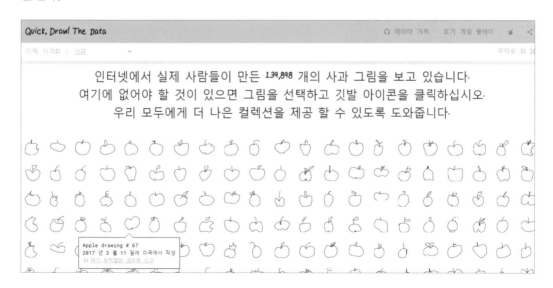

이것도 알아두면 좋아요!
사물 인식할 때 오차 극복

사물 인식은 문화적인 배경이나 사회적 배경의 영향을 받으므로 다양한 국적과 연령의 데이터를 받아야 오차를 극복할 수 있다. 하지만 이것 역시 데이터가 부족하거나 인식을 잘못한 경우, 사용자가 원하는 정보를 받지 못한다. 어떤 데이터로 학습시키느냐에 따라 예측이 달라지며 사용자가 그릴 그림에 해당하는 단어를 사이트에서 제시하지만, 문화권의 차이 때문에 특정 단어는 다르게 이해할 수 있다.

③ AI와 놀아 보기

놀이 ▶ **AI와 인간의 대결, 과연 승자는 누구인가?**

주어지는 제시어를 한 팀은 AI로, 한 팀은 직접 그림을 그려 누가 빨리 맞히는지 확인해 보자.

❶ 퀵 드로우 팀, 사람 팀(2인 1팀)으로 총 2팀이 필요하다.

❷ 퀵 드로우에서 제시한 단어를 퀵 드로우 팀은 퀵 드로우로, 사람 팀은 한 친구가 다른 친구의 등에
그려준다.

❸ 총 6문제의 답을 누가 더 빨리 맞히는지 확인해 본다.

> **문제 예시**

고양이, 사과, 코끼리, 시계, 토끼, 나무

AI로 그리기

1 AI 사이트 소개

오토드로우

https://www.autodraw.com

오토드로우(AutoDraw)는 해석 그대로 자동으로 그려주는 프로그램이다. 내가 그리고 싶은 그림을 화면에 그려주면 컴퓨터가 가지고 있는 도안 중 훨씬 더 멋진 도안으로 그림을 완성시킬 수 있는 것이다. 즉, 사용자가 그린 그림을 머신러닝으로 추측하여 훨씬 더 빠르게 자동으로 그리기를 완성해 주는 그리기 도구라고 할 수 있다. Creative Commons Attribution 4.0 International License에 따라 다른 디자이너와 아티스트가 만든 도면을 다운로드하여 사용할 수 있다. 현재 사용되는 도면 대부분은 뉴욕의 디자인 스튜디오 셀맨 디자인(Selman Design)에서 제공한 것이다. 오토드로우는 이미 수백 개의 도면을 추측할 수 있다.

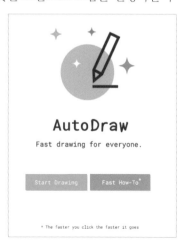

2 AI 플레이그라운드

❶ 첫 화면에서 [Start Drawing] 버튼을 클릭한다.

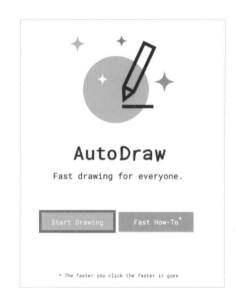

❷ 첫 화면 왼쪽 위에 [≡]버튼을 클릭하면 다음과 같은 화면이 나온다.

Start over는 도화지 디자인을 선택할 수 있다. Download는 완성한 작품을 저장할 수 있다. Share는 완성한 작품을 공유할 수 있다. How-To는 사용 방법을 안내해 준다. Shortcuts는 단축키를 안내해 준다.

Keyboard Shortcuts

ACTIONS		TOOLS	
Undo	`Ctrl` `Z`	Select	`V`
Redo	`Shift` `Ctrl` `Z`	AutoDraw	`A`
Cut	`Ctrl` `X`	Draw	`D`
Copy	`Ctrl` `C`	Type	`T`
Paste	`Ctrl` `V`	Rectangle	`M`
Move	`↑` `←` `↓` `→`	Circle	`L`
Send Back	`[`	Triangle	`P`
Bring Front	`]`	Fill	`F`
Duplicate	`Alt` `DRAG`	Zoom	`+`

Artists는 오토드로우에서 제공하는 도안을 그려준 예술가들을, About은 사이트에 대한 소개를 볼 수 있다.

❸ 처음 화면에서는 왼쪽 그리기 도구 중 제일 위에 AutoDraw로 그리기가 실행된 것을 확인할 수 있다.

❹ AutoDraw 도구를 클릭한 상태에서 그림을 그리면 내가 그린 그림이 무엇일지 추측하여 화면 위에 자동으로 완성된 여러 도안을 추천해 준다.

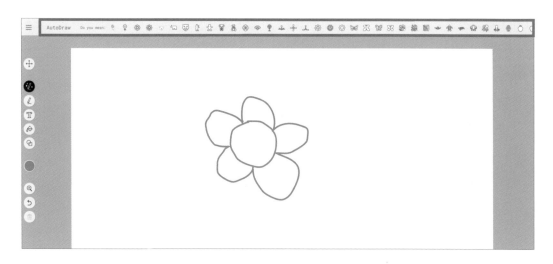

이 중 두 번째 꽃 도안을 클릭하면 화면에 자동으로 해당 꽃이 그려진다. 내가 원하는 그림을 훨씬 더 빠르게, 더 멋진 도안으로 완성할 수 있는 것이다.

❺ 두 번째 도구 Draw를 클릭하면 자동 완성 기능이 없는 펜으로 그림을 그릴 수 있다. 상단의 슬라이드를 조절하여 펜 굵기를 조절할 수 있다. Draw 모드에서는 해를 그렸지만, 앞의 예와 달리 상단에 어떤 도안도 추천하지 않는다는 것을 확인할 수 있다.

⑥ 세 번째 도구를 클릭하면 글자도 넣을 수 있다. 상단에서 폰트와 크기를 변경한다.

⑦ 네 번째 도구인 페인트 모양을 클릭하면 원하는 부분에 색을 칠할 수 있다.

❽ 다섯 번째 도구를 클릭하면 화면 위에 보이는 ○, □, △ 중 원하는 도형을 그릴 수 있다.

❾ 돋보기 모양을 클릭하면 100%, 150%, 200%, 250%, 300%까지 확대할 수 있다.

이런도 알아두면 좋아요! **오토드로우 활용 분야**

이미지를 빠르게 인식하는 분야나 정교하고 빠른 그림을 그리고자 할 때 활용할 수 있다. 하지만 제공되는 이미지 도안
이 부족해 원하는 도안을 찾지 못하거나 사용자가 그린 그림을 인식하는 것이 어려울 수 있다. 또한, 사용자가 선택할
수 있는 도안이 제한적이고 추상화 같은 구체적인 물건이 아니거나 표현하기 어려운 경우 그림으로 나타낼 수 없다.

③ AI와 놀아 보기

🔗 놀이 ① 미술 작품 따라 그리기

표현하고 싶은 미술 작품을 골라 오토드로우로 나타내 보자.

❶ 표현하고 싶은 미술 작품을 찾는다.

❷ 특징 있는 부분을 찾아 오토드로우로 그려 본다.

❸ 필요한 부분은 색칠한다.

❹ 완성된 작품을 저장하여 공유한다.

오토드로우로 세상에 하나뿐인 축하 카드를 만들어 보자.

❶ 카드를 만드는 목적을 생각한 후 그림, 글자를 어떻게 구성하면 좋을지 계획한다.

❷ 오토드로우로 마음에 드는 도안을 선택해 카드를 완성한다.

❸ 필요한 부분은 색칠한다.

❹ 완성된 작품을 저장하여 공유한다.

How-Old

나이 추측하기

 AI 사이트 소개

하우-올드

https://www.how-old.net

마이크로소프트에서 만든 검색 엔진으로 사이트 제목처럼 사진 속 인물의 나이가 몇 살인지 알려주는 프로그램이다. 유명인 검색부터 자신의 얼굴까지 다양한 인물의 나이를 맞춰 볼 수 있다.

2 AI 플레이그라운드

❶ 사이트 메인 화면의 사진을 좌우로 스크롤 하다가 마음에 드는 사진을 선택하고 [이 사진을 사용] 버튼을 클릭한다.

❷ 다른 사진을 더 검색해 보고 싶다면 [다른 사진을 보십시오!] 버튼을 클릭한다.

❸ 사이트에 검색창이 있는 이유는 유명인의 사진을 검색하여 나이를 추측해볼 수 있기 때문이다. 예시로 스티브 잡스를 검색하였다.

❹ 다음과 같이 스티브 잡스의 여러 사진이 검색되는 것을 확인할 수 있다. 마우스를 좌우로 움직이면 내가 원하는 사진을 선택할 수 있다. 마음에 드는 사진을 선택한 다음 [이 사진을 사용] 버튼을 클릭한다.

❺ AI가 추측한 나이 인식 결과가 화면에 제시된다. 같은 인물이라도 시기에 따라 다른 나이로 인식되는 것을 확인할 수 있다.

❻ 유명인의 사진이 아닌 자신의 사진을 검색해 보고 싶다면 [자신의 사진을 사용하십시오] 버튼을 클릭하여 사진을 업로드하면 된다.

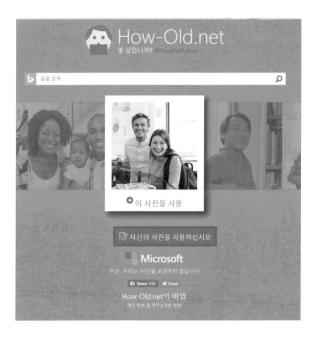

여기서 잠깐!

동물의 얼굴을 넣어 보면 어떻게 나올까?

여기서 잠깐!

그렇다면 사람과 비슷한 인형의 얼굴을 넣어 보면 어떻게 나올까?

사람의 얼굴로 잘못 인식하고 나이를 추측하여 알려주는 것을 확인할 수 있다. 화면 아래의 "제대로 이해하지 못했다면 죄송합니다. 이 기능을 계속 개선하고 있습니다."를 클릭해 보자.

'이미지에서 얼굴을 분석하는 AI 서비스'라는 제목과 함께 어떻게 얼굴을 인식하는지에 대한 설명을 확인할 수 있다.

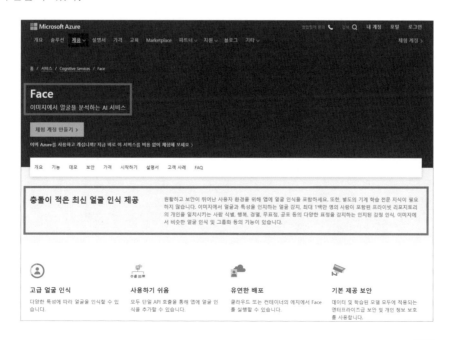

AI 기술이 얼굴 감지, 얼굴 확인, 인지된 감정 인식까지 나아가고 있다는 것을 확인할 수 있다.

다양한 시나리오에 얼굴 인식 적용

이미지와 동영상에서 얼굴을 감지, 식별 및 분석합니다. 이 기술을 기반으로 하여 액세스를 위해 사용자를 인증하고, 군중 통제를 위해 공간 내 사람 수를 세거나, 미디어 캠페인을 위해 군중 인사이트를 모으는 등의 다양한 시나리오를 지원할 수 있습니다.

실제 작동되는 방식을 확인해보세요.

| 얼굴 감지 | 얼굴 확인 | 인지된 감정 인식 |

얼굴 감지

이미지의 각 얼굴에 대한 27개 랜드마크를 비롯하여 연령, 감정, 성별, 자세, 미소, 수염 등의 특성과 함께 하나 이상의 사람 얼굴을 감지할 수 있습니다.

감지 결과:
detection_02
JSON:
  {
    "faceId": "26caf0c6-8222-4ac5-a2c3-eb6c0598bfd8",
    "faceRectangle": {
      "top": 76,
      "left": 446,
      "width": 226,
      "height": 284
    },
    "faceAttributes": null,
    "faceLandmarks": null

이것도 알아두면 좋아요! **아기가 36세? 22세?**

옆의 그림은 아기 사진임에도 불구하고 하우-올드 프로그램이 20대나 30대로 인식하고 있는 모습이다. 이는 AI가 '주름이 많으면 나이가 많다'라고 판단했기 때문에 잘못 인식한 것이라고 이해할 수 있다. 이외에도 동양 사람들의 사진을 넣었을 때 실제 나이보다 훨씬 더 어리게 나온다든가 인형 얼굴임에도 사람 얼굴로 인식하여 나이를 추측하는 등 정확도가

떨어지는데, 이는 나이를 파악할 수 있는 다른 특징들을 추가하여 알고리즘을 수정, 보완해야 할 것이다.

그럼에도 이 프로그램에서 활용한 기술은 이미지 인식을 필요로 하는 분야에서 얼마든지 활용될 수 있다. 예를 들어 이 기술을 수정 보완하면 어떠한 물건을 사진 촬영했을 때 언제, 어느 회사에서 출시한 제품인지 등의 기본 정보를 쉽게 파악하는 데 활용할 수 있을 것이다.

③ AI와 놀아 보기

 누가 더 정확하게 예측할까?

자신의 사진을 활용하여 AI와 사람 중에 누가 더 잘 맞추는지 비교해 보자.

❶ 자신의 사진 중 마음에 드는 사진을 몇 장 고른다.

❷ 친구에게 해당 사진을 보여 주고 몇 살 때일지 추측해서 맞춰 보라고 한다.

❸ 하우—올드 프로그램에 사진을 업로드하여 AI는 몇 살로 추측했는지 확인한다.

❹ 둘 중 누가 더 정답에 가까웠는지 확인한다.

인식은 사물을 분별하고 판단하여 아는 일을 말한다. 인식은 감각적 직관 때문에 형성되며, 사람처럼 지능을 가진 기계인 인공지능을 구현하기 위해서는 이러한 인식 요소는 인지기능을 발휘하도록 하는 데 매우 중요한 요소가 된다.

특히 사람처럼 보기(이미지 인식), 사람처럼 소리 듣기(음성 인식)는 핵심 기술이며 빅데이터와 컴퓨팅 기술의 발달로 인하여 엄청난 발전이 이루어지고 있다.

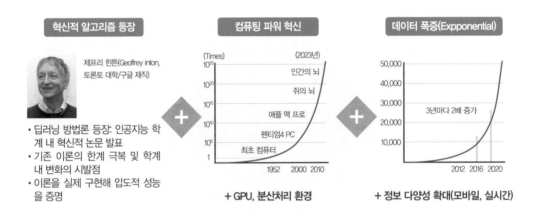

▲ 인공지능 발전의 핵심 요소
출처: https://www.utoronto.ca/news/u-t-geoffrey-hinton-ai-will-eventually-surpass-human-brain-getting-jokes-could-take-time, photo by Johnny Guatto

이미지 인식은 2006년 캐나다 토론토 대학의 제프리 힌튼 교수가 인간의 뇌를 모방한 신경망 방식의 딥러닝 구조를 발표한 이후 얀 레쿤, 앤드류 응에 의해 비약적인 발전이 이루어졌다. 2012년에 실시된 이미지넷 이미지 인식 경진대회(ILSVRC, ImageNet Large Scale Visual Recognition Challenge)에서 토론토 대학팀이 15%의 오차율을 기록하며 우승하였고, 같은 해 구글은 유튜브 영상에서 자동으로 고양이를 구분해 냈다. 2014년 페이스북은 97.25%의 정확도로 사람 얼굴을 인식하는 인공지능인 '딥페이스' 기술을 발표하였고, 2015년 구글의 '페이스넷'은 인식 정확도를 99.96%로 높였다. 이것은 사람의 인식률인 97.53%를 능가한 것이다.

● 이미지넷 경진대회의 이미지 인식 예

▲ ILSVRC 2014 이미지 예

출처: http://www.image-net.org/challenges/LSVRC/2014/index#devkit

● 연도별 사물 인식의 정확도 향상 추세

인간 수준 이상의 이미지 인식 능력을 갖춘 인공지능은 이제 이미지를 자유롭게 변형하거나 새로운 이미지를 창조해 내고 있다. 계절적 특성을 이해해 하나의 풍경 사진을 여름, 겨울 사진으로 바꾸거나, 동물·식물의 특성을 이해해 동물의 외형을 바꾸기도 한다. 또 모네, 고흐 등 유명 화가의 화풍을 학습하여 일반 풍경 사진을 특정 화가의 화풍이 접목된 그림으로 바꿔 주기도 한다.

▲ 일반 풍경 사진을 터너, 고흐, 뭉크의 화풍으로 변환시킨 그림

출처: L. Gatys, et al.(2016). Image style transfer using convolutional neural networks, CVPR

워싱턴대에서 발표한 논문에서는 오바마 대통령의 목소리만을 가지고 입 모양을 생성해 오바마 대통령의 전혀 다른 영상에 합성하여 실시간으로 영상 변형, 합성까지 가능함을 보여주었다.

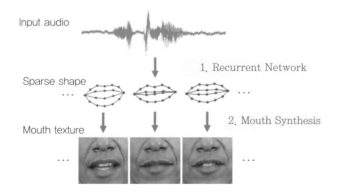

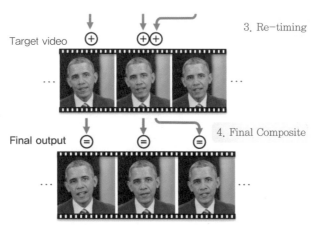

3. Re-timing

Target video

4. Final Composite

Final output

▲ 출처: S. Suwajanakorn, et al.(2017), synthesizing obama : Learnig Lip Sync from Audio, SIGGRAPH

구글의 이안 굿펠로우(Ian Goodfellow)가 제안한 GAN(Generative Adversarial Networks)은 새로운 이미지를 만들어내는 알고리즘이다. 2017년에 발표된 논문을 보면 가상으로 만들어 낸 이미지가 가상으로 만들어진 것이라고 믿기 어려울 만큼의 높은 완성도를 보여 주고 있다.

다음 그림은 실제 이미지 간의 보간법이 적용된 과정을 보여 주고 있는데 보간에 관해서는 AI 실험실(p.229)에서 체험해 볼 수 있다.

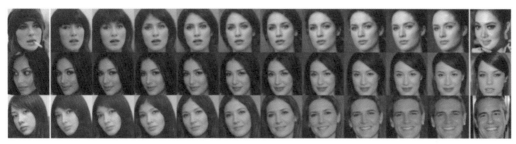

▲ GAN 알고리즘을 이용해 새로운 이미지를 만드는 과정(양끝은 실제 이미지)
출처: D. Berhelot, et al.(2017), BEGAN:Boundary Equilibrium Generative Adversarial Networks

이제 인공지능은 사람이 말하는 것을 그대로 구현해 내기도 한다. 2016년에 발표된 stackGAN 알고리즘은 사람의 언어를 이해해 이미지를 생성해 낸다. 다음 그림은 새에 관해 사람이 쓴 문장을 보고 각각의 알고리즘에 해당되는 새의 이미지를 구현해 낸 것인데 마지막 stackGAN 알고리즘이 매우 명확하게 그려 내는 것을 알 수 있다.

▲ stackGAN 알고리즘을 구현해 낸 새 이미지

출처: H. Zhang, et al.(2016). Test to Photo-realistic Image Synthesis with Stacked Generative Adversarial Networks.

이러한 이미지 인식 기술은 우리 생활에서 편리함을 제공하고 있다. 구글 포토 서비스의 경우, 구글 포토에 업로드된 사진을 분류 및 검색해 주고 있어서 필요한 사진을 찾는 데 매우 유용하다.

다음 사진은 저자의 구글 사진에서 '빵'을 검색하였을 때 보여 주는 이미지이다. 빵 기프트콘을 포함하여 빵과 관련된 이미지를 보여 주고 있으나, 코코넛을 빵으로 잘못 인식하고 있다는 것도 살펴볼 수 있다.

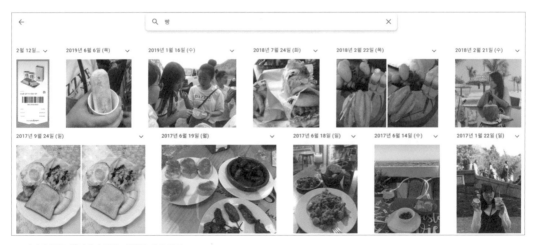

▲ 저자의 구글 사진에서 빵을 검색한 결과 화면

또한, 질병 진단에서도 CT 검사 결과를 기반으로 폐암, 유방암, 조직 검사 등과 같은 영상 판독을 보조해 주고 있으며, 딥페이크 기술을 악용하여 만들어낸 가짜 이미지나 영상의 진본 여부를 가려주기도 한다.

이제 이미지 인식의 대표 알고리즘인 CNN에 대해 알아보자. CNN(합성곱 신경망, Convolution Neural Network)은 머신러닝의 한 유형으로 딥러닝에서 가장 많이 사용하는데 특히 이미지, 비디오, 텍스트, 소리를 분류하는 데 유용하다.

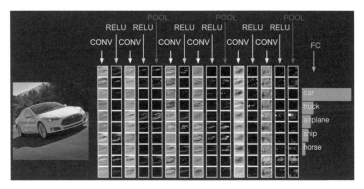

▲ CNN 웹 기반 데모
출처: http://cs231n.stanford.edu

CNN은 기존 신경망에 이미지의 공간 정보를 유지한 상태로 이미지를 처리하기 쉬운 형태로 줄여준다. CNN의 구조를 살펴보면 크게 특징을 추출하는 단계와 분류하는 단계로 나누어져 있다.

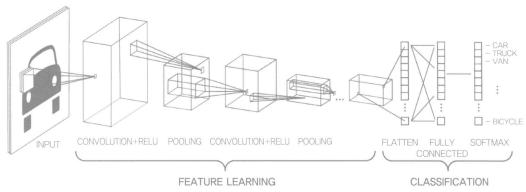

▲ CNN 구조
출처: A Comprehensive Guide to CNN : https://towardsdatascience.com/a-comprehensive-guide-to-convolutional-neural-networks-the-eli5-way-3bd2b1164a53

합성곱 신경망은 특징을 추출하기 위해 합성곱 층(Convolution layer)과 풀링 층(Pooling layer)을 여러 겹 쌓아 이 두 층을 반복한다. 합성곱 층은 커널(필터)을 사용하여 가장자리, 색상, 그라디언트 방향 등과 같은 저수준 기능을 추출해 나가는 역할부터 고수준 기능까지 수행하며 특성맵(feature map)을 만든다.

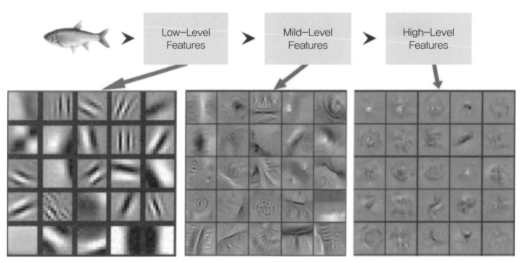

▲ 합성곱 계산 과정
출처: http://taewan.kim/post/cnn

▲ CNN에 의한 계층적 표현학습 과정
출처: Yosinski et al, 2015

풀링 층에서는 이미지의 중요한 특성을 뽑아내며 데이터의 크기를 줄여나간다. 풀링 레이어를 처리하는 방법은 행렬의 최대 풀링(Max Pooling)과 평균 풀링(Average Pooling) 두 가지가 있는데, 각 행렬의 특정 영역 안에서 최댓값을 모으거나 평균값을 구하는 방식으로 처리한다.

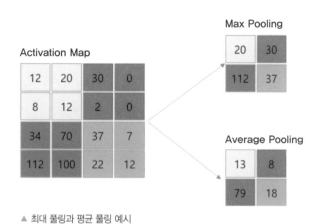

▲ 최대 풀링과 평균 풀링 예시
　출처: http://taewan.kim/post/cnn

　풀링 층을 거친 데이터는 1차원 데이터로 변환되어 완전 연결 층(Fully connected layer)으로 연결되고 softmax 함수를 이용하여 해당 이미지를 분류하게 된다.

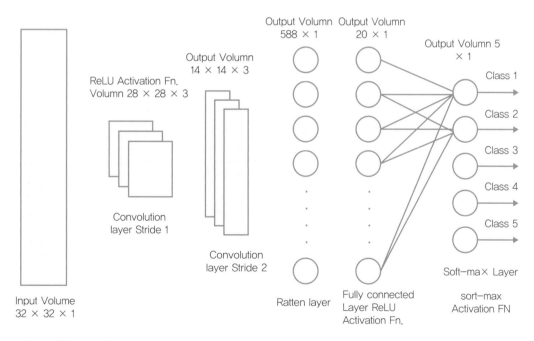

▲ 분류를 위한 완전 연결층
　출처: A Comprehensive Guide to CNN : https://towardsdatascience.com/a-comprehensive-guide-to-convolutional-neural-networks-the-eli5-way-3bd2b1164a53

3부

예술과 창의성
창의성 넘치는 인공지능

Image-to-Image

그림 자동 완성

1 AI 사이트 소개

이미지-투-이미지

https://affinelayer.com/pixsrv/index.html

　　스케치하면 가짜로 영상을 생성해 주는 인공지능과 영상이 가짜인지 진짜인지를 구분하는 인공지능이 있다고 하자. 이 두 인공지능을 싸우게 하면 어떻게 될까? 가짜로 영상을 생성하는 인공지능도 진짜처럼 보이기 위해 성능이 향상되고, 진짜인지 가짜인지 구별해야 하는 인공지능도 무엇이 가짜인지 찾아야 하므로 점점 더 정교한 수준까지 성능이 향상될 것이다. 이러한 기술을 활용한 사례가 바로 이미지-투-이미지이다. 그림을 자동으로 완성해 주는데, 이때 활용한 기술은 'pix2pix'라는 인공지능 기술이다. 펜으로 그린 스케치 영상을 넣어 주면 색칠이 된 영상을 출력하며, 정확히는 GAN(Generative Adversarial Network)이라는 기술을 사용했다. 고양이, 건물, 신발, 가방을 펜으로 스케치하면 그것에 맞게 이미지를 완성해 준다.

 AI 플레이그라운드

❶ 고양이를 그리고자 할 때, 왼쪽 INPUT 칸에 다음과 같이 그림을 그리면 오른쪽 OUTPUT 칸에 고양이가 완성된다.

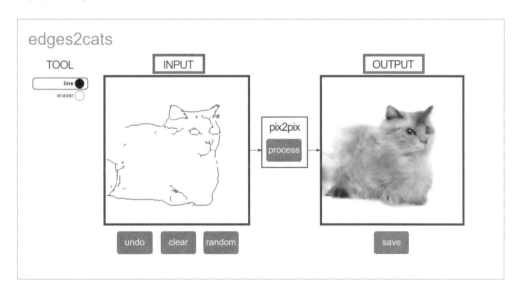

❷ [clear] 버튼을 클릭하여 화면을 지운다. 자신이 생각하는 고양이 이미지를 INPUT 칸에 그려준다.

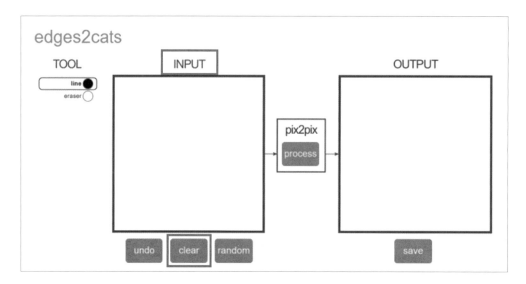

❸ 그림을 그리다 되돌리기를 하고 싶다면 [undo] 버튼을, 지우개를 사용하고 싶다면 [eraser] 버튼을 클릭한다.

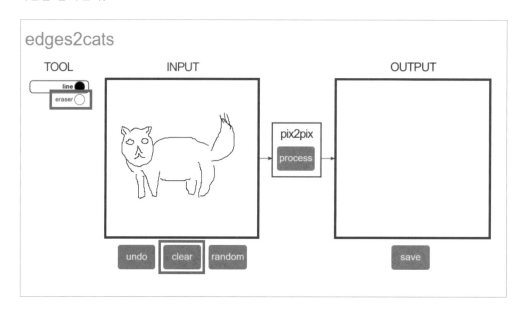

④ 그림을 완성하면 pix2pix 칸의 [process] 버튼을 클릭하면 downloading model이라는 글씨와 함께 고양이 이미지가 생성된다.

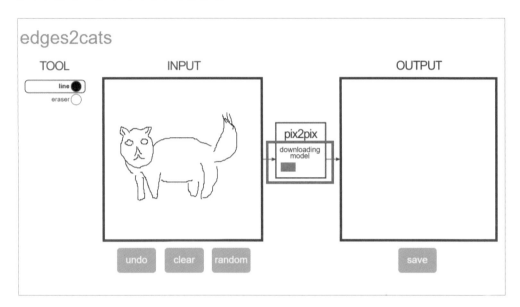

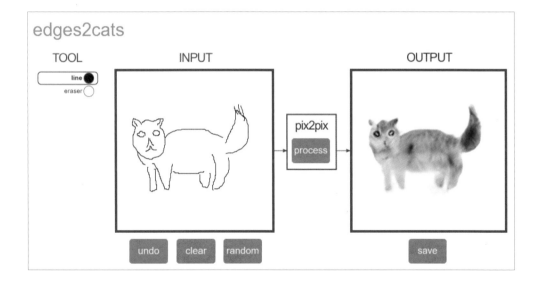

❺ [random] 버튼을 클릭하면 임의로 그린 고양이 그림을 어떻게 이미지화했는지 확인할 수 있다.

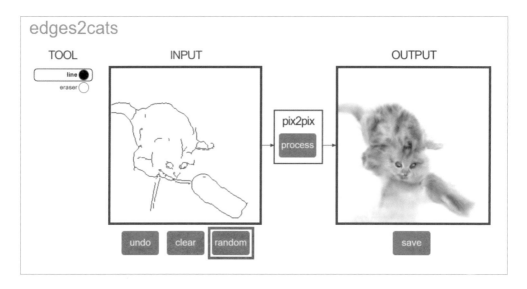

❻ 건물도 나타낼 수 있다. 이때는 왼쪽의 배경, 벽, 문, 창문 등 건물의 구성 요소를 살려 스케치를 완성하면 인공지능이 떠올린 건물의 이미지를 확인할 수 있다.

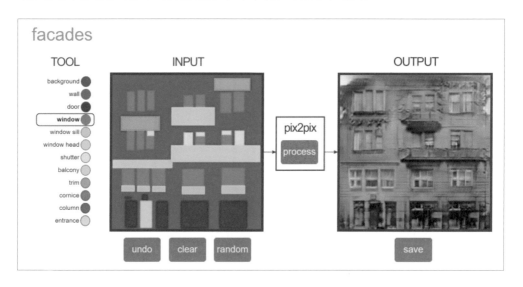

❼ 구두, 가방도 스케치만 그려주면 이미지로 완성하여 보여준다. 정교하게 그릴수록 사실적인
이미지가 완성된다.

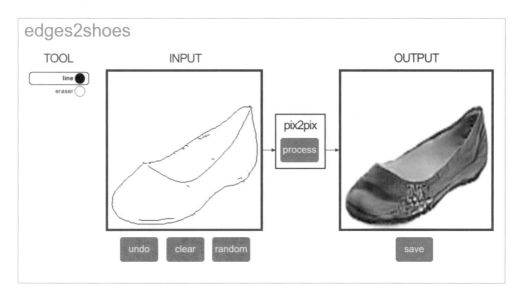

이것도 알아두면 좋아요!
스케치할 때는 정교하게

스케치할 때 정교하게 그리지 않으면 부정확한 그림이 나올 수 있다. 그림을 그리는 것 외에 다른 활동은 불가능하다.

3 AI와 놀아 보기

 놀이   **내가 그린 그림은 과연 어떻게 표현될까?**

선으로 그림을 그려 어떻게 이미지화되는지 확인해 보자.

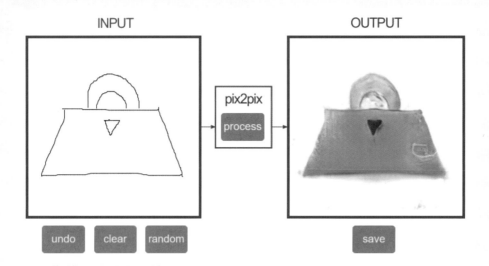

❶ 이미지-투-이미지 프로그램을 실행한다.

❷ 고양이, 건물, 신발, 가방 중에 자신이 스케치하고 싶은 것을 선택한다.

❸ 스케치를 그린 후 어떻게 이미지화됐는지 확인한다.

❹ 마음에 드는 결과물은 저장하여 공유한다.

화풍 바꾸기

1 AI 사이트 소개

딥 드림 제너레이터
https://deepdreamgenerator.com

딥 드림 제너레이터는 구글에서 만들어 낸 그림을 그리는 인공지능이다. 사용자가 탑재한 이미지를 바탕으로 이를 재해석해서 사용자가 원하는 스타일의 추상화로 표현해 준다. 이 인공지능은 주어진 이미지로 훈련한 후 표현하는 것으로 구글의 합성 알고리즘인 인셉셔니즘(Inceptionism)을 이용했다.

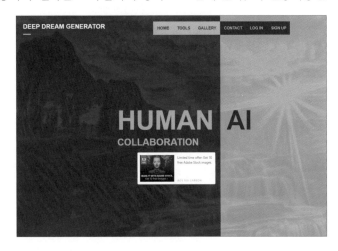

 2 **AI 플레이그라운드**

사이트 첫 화면 오른쪽 상단에 보면 [SIGN UP] 버튼을 클릭하여 회원가입을 한다. 이메일 인증까지 완료해야 사이트를 사용할 수 있다.

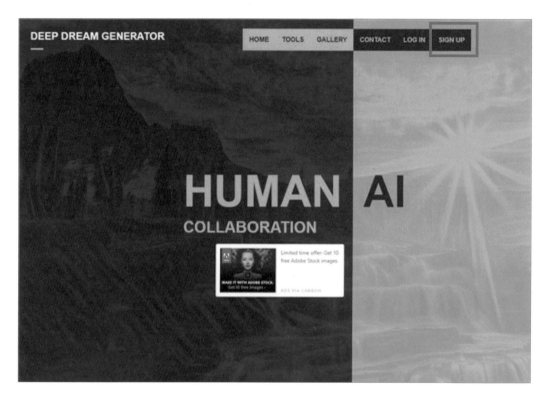

다음으로 딥 드림 제너레이터에는 사용자 레벨에 따라 사진 효과를 적용할 수 있는 횟수가 제한되어 있다는 사실을 확인하자.

❶ **뉴비:** 이메일 인증 동의
❷ **멤버:** 만든 작품 5개, 가입일수 1일
❸ **드리머:** 공개한 작품 20개, 가입일수 7일, 좋아요 받은 횟수 200개 이상
❹ **딥 드리머:** 공개한 작품 40개, 가입일수 21일, 좋아요 받은 횟수 900개 이상

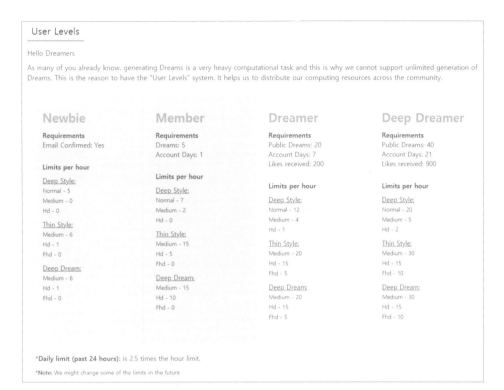

User Levels

Hello Dreamers

As many of you already know, generating Dreams is a very heavy computational task and this is why we cannot support unlimited generation of Dreams. This is the reason to have the "User Levels" system. It helps us to distribute our computing resources across the community.

Newbie	Member	Dreamer	Deep Dreamer
Requirements Email Confirmed: Yes	**Requirements** Dreams: 5 Account Days: 1	**Requirements** Public Dreams: 20 Account Days: 7 Likes received: 200	**Requirements** Public Dreams: 40 Account Days: 21 Likes received: 900
Limits per hour	**Limits per hour**	**Limits per hour**	**Limits per hour**
<u>Deep Style:</u> Normal - 5 Medium - 0 Hd - 0	<u>Deep Style:</u> Normal - 7 Medium - 2 Hd - 0	<u>Deep Style:</u> Normal - 12 Medium - 4 Hd - 1	<u>Deep Style:</u> Normal - 20 Medium - 5 Hd - 2
<u>Thin Style:</u> Medium - 6 Hd - 1 Fhd - 0	<u>Thin Style:</u> Medium - 15 Hd - 5 Fhd - 0	<u>Thin Style:</u> Medium - 20 Hd - 15 Fhd - 5	<u>Thin Style:</u> Medium - 30 Hd - 15 Fhd - 10
<u>Deep Dream:</u> Medium - 6 Hd - 1 Fhd - 0	<u>Deep Dream:</u> Medium - 15 Hd - 10 Fhd - 0	<u>Deep Dream:</u> Medium - 20 Hd - 15 Fhd - 5	<u>Deep Dream:</u> Medium - 30 Hd - 15 Fhd - 10

*Daily limit (past 24 hours): is 2.5 times the hour limit.

*Note: We might change some of the limits in the future

로그인 후에는 그림 생성을 위해 화면 오른쪽 위의 [Generate] 버튼을 클릭한다.

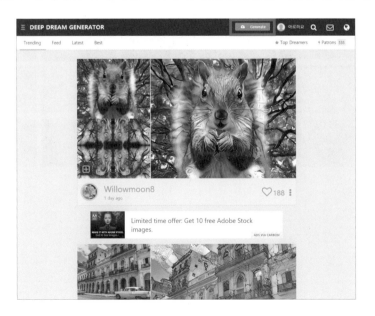

딥 드림 제너레이터에서는 Deep Style, Thin Style, Deep Dream의 세 가지 모드로 효과를 적용할 수 있다.

❶ 세 가지 모드 중 Deep Style은 그림 이미지 자체를 변형시킨다. Deep Style의 효과를 확인하기 위해 [Upload Image] 버튼을 클릭하여 변형하고 싶은 사진을 업로드한다. [Upload Image] 버튼 옆에 사진이 추가된 것을 확인할 수 있다.

Deep Style의 Choose style을 살펴보면 Default Styles(기본 스타일), 내가 선택한 My Styles(내 스타일), 많은 사람이 선택하여 인기 있는 Popular Styles(인기 스타일) 이렇게 3가지 스타일이 제공된다. 우리는 기본 스타일인 Default Styles 중의 하나를 클릭하여 변형해 보자. Default Styles의 Starry Night의 효과를 확인하기 위해 Starry Night를 클릭한다. 효과 확인을 위해 다른 설정은 건드리지 않고 [Generate] 버튼을 클릭한다.

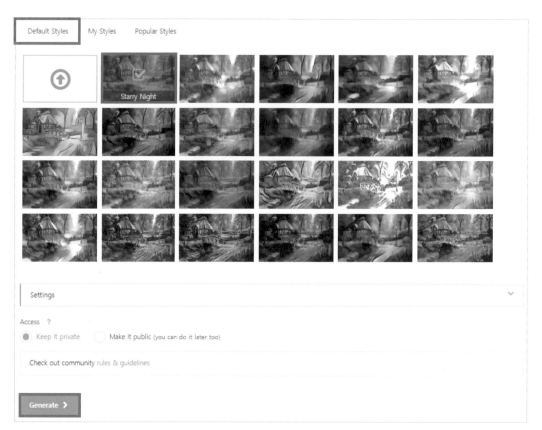

이미지가 생성되고 있다는 화면이 나온다.

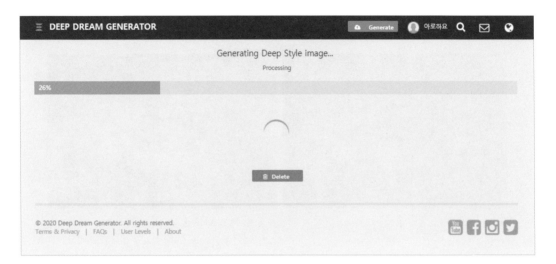

100% 완료되면 Starry Night 효과가 적용된 사진을 확인할 수 있다.

Deep Style-Starry Night 효과를 원본과 비교해 보면 다음과 같다.

▲ 사진 원본   ▲ Deep Style 효과 적용

이번에는 Deep Style의 Settings 효과들을 바꿔 보면서 효과를 확인해 보자.

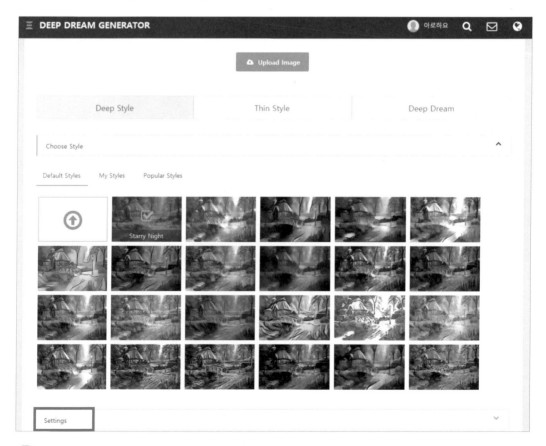

Settings는 아래와 같이 기본 설정이 되어 있고 따로 설정을 바꾸지 않으면 앞에서 클릭한 Style 효과만 적용하여 결과를 보여준다.

- **Enhance(이미지 강화):** 강도 값이 클수록 출력 품질은 향상되지만, 원래의 질감과 구조는 일부 줄어들 수 있다.
- **Resolution(해상도):** 회원 레벨(뉴비, 멤버, 드리머, 딥 드리머)에 따라 낮은 레벨의 경우 고해상도 개수 제한이 있다.
- **Depth(영상 심도):** 이미지에서 각각의 픽셀에 저장된 비트의 수, 영상 심도가 높을수록 품질이 좋아지지만, 생성 시간이 길어진다.
- **Style Weight(가중치):** 기본 가중치는 50%이고, 숫자가 작을수록 원본 이미지와 유사하다.
- **Style Scale(크기):** 스타일 이미지에서 추출된 패턴을 더 크게, 더 작게 만든다.
- **Preserve Colors(색 보호):** 기존 이미지 색 유지 여부를 선택한다.

Access는 그림 공개 여부를 선택하는 것이다.

Access ?
- Keep it private
- Make it public (you can do it later too)

Check out community rules & guidelines

Generate ▶

❷ Thin Style은 그림의 윤곽은 두고 스타일만 변화시킨다(기존 카메라 필터와 비슷하다). 같은 이미지를 이번에는 Thin Style로 변형해 보자. Thin Style의 첫 번째 효과를 클릭한 후, Settings를 클릭해 보면 Deep Style과 다르게 Enhance와 Resolution만 된다는 점을 확인할 수 있다. 이제 다음의 [Generate] 버튼을 클릭하여 효과를 적용한다.

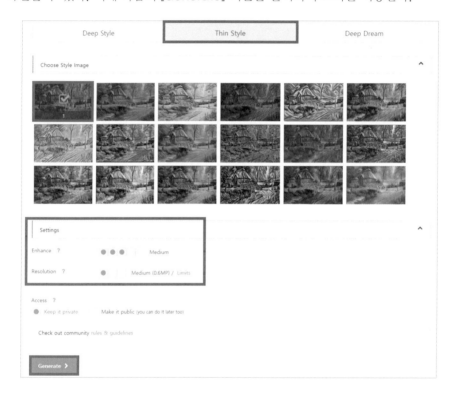

⚠ **여기서 잠깐!**

Thin Style 효과를 원본과 비교해 보면 다음과 같다.

▲ 사진 원본

▲ Thin Style 효과 적용

❸ Deep Dream은 그림이 점차 변형되어 새로운 이미지가 탄생한다. **Settings**를 클릭하면 추가된 'Inception Depth'를 확인할 수 있는데 이는 **Deep dream**의 효과를 얼마나 보이게 할지 정할 수 있는 것이다. 이미지가 크면 시간이 오래 걸릴 수 있다.

'Dream Type'은 총 5가지 중에 선택할 수 있으며 이 중 **Default**(기본)를 클릭하면 이미지를 처리하는데 사용할 수 있는 레이어를 다음 화면에 있는 신경망 레이어 중에 선택할 수 있다. 확인을 위해 **Dream Type**의 **Default** 첫 번째 레이어를 클릭하고 **[Generate]** 버튼을 클릭하자.

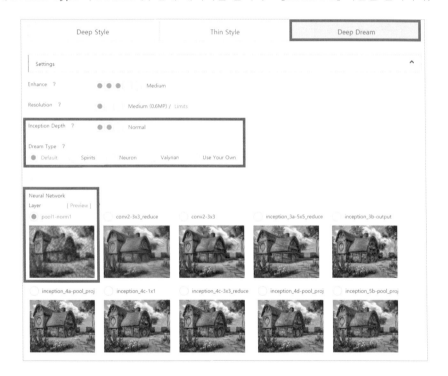

⚠ 여기서 잠깐!

Deep Dream–Default 효과를 원본과 비교해 보면 다음과 같다.

▲ 사진 원본

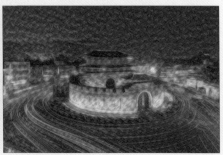

▲ Deep Dream–Default 효과 적용

이제 Dream Type의 두 번째 Spirits를 클릭해 보자.

Deep Style	Thin Style	Deep Dream

Settings ^

Enhance ? ● ● ● Medium

Resolution ? ● Medium (0.6MP) / Limits

Inception Depth ? ● ● Normal

Dream Type ?

Default   ● Spirits   Neuron   Valyrian   Use Your Own

* You can use different layers only when **Dream Type** is set to Default

Access ?

● Keep it private   Make it public (you can do it later too)

Check out community rules & guidelines

Generate >

여기서 잠깐!

Deep Dream–Spirits 효과를 적용한 결과는 다음과 같다.

이번에는 Dream Type의 세 번째 Neuron을 클릭해 보자.

Deep Style	Thin Style	Deep Dream

Settings ^

Enhance ? ● ● ● Medium

Resolution ? ● Medium (0.6MP) / Limits

Inception Depth ? ● ● Normal

Dream Type ?
Default Spirits ● Neuron Valyrian Use Your Own

* You can use different layers only when **Dream Type** is set to Default

Access ?
● Keep it private Make it public (you can do it later too)

Check out community rules & guidelines

Generate ❯

여기서 잠깐!

Deep Dream-Neuron 효과를 적용한 결과는 다음과 같다.

이번에는 Dream Type의 네 번째 Valyrian을 클릭해 보자.

Deep Style | Thin Style | Deep Dream

Settings ∧

Enhance ? ●●● Medium

Resolution ? ● Medium (0.6MP) / Limits

Inception Depth ? ●● Normal

Dream Type ?
　　Default　　Spirits　　Neuron　　● Valyrian　　Use Your Own

* You can use different layers only when **Dream Type** is set to Default

Access ?
● Keep it private　　Make it public (you can do it later too)

Check out community rules & guidelines

Generate ❯

! **여기서 잠깐!**

Deep Dream-Valyrian 효과를 적용한 결과는 다음과 같다.

마지막으로 **Dream Type**의 다섯 번째 **Use Your Own**을 클릭하면 내가 가지고 있는 파일의 이미지의 효과를 업로드한 이미지에 적용해 준다.

Deep Style	Thin Style	Deep Dream

Settings ∧

Enhance ? ● ● ● ☐ Medium

Resolution ? ● ☐ Medium (0.6MP) / Limits

Inception Depth ? ● ● ☐ Normal

Dream Type ?
☐ Default ☐ Spirits ☐ Neuron ☐ Valyrian ● Use Your Own

파일 선택 beach-84533_1920.jpg ◀──────

* You can use different layers only when **Dream Type** is set to Default

Access ?
● Keep it private   Make it public (you can do it later too)

Check out **community** rules & guidelines

Generate ❯

 여기서 잠깐!

Deep Dream—Use Your Own 효과를 적용한 결과는 다음과 같다.

③ AI와 놀아 보기

 내 꿈을 인공지능이 그려준대요!

내 꿈을 그림으로 그린 후 AI가 어떻게 인식하고 표현하는지 확인해 보자.

❶ 미래에 자신이 꿈을 이룬 모습을 그림으로 그린다.

❷ 딥 드림 제너레이터에 그림을 업로드하고 표현하고 싶은 효과를 적용한다.

❸ 내가 그린 꿈 그림을 AI가 어떻게 표현했는지 확인한다.

❹ 마음에 드는 결과물은 저장하여 공유한다.

Petalica Paint

자동 채색

① AI 사이트 소개

페탈리카 페인트

https://petalica-paint.pixiv.dev

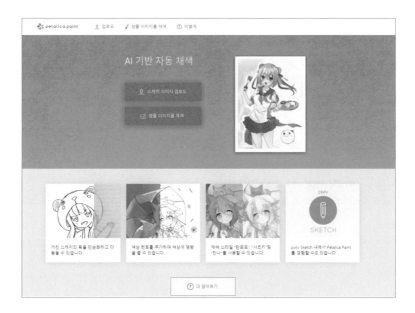

꽃의 꽃잎이 여러 빛깔을 띠는 것에서 모티브를 따와 Petal(꽃잎)이라는 이름을 모티브로 하여 만든 Petalica Paint(페탈리카 페인트)라는 이름의 이 사이트는 메인 화면에서 확인할 수 있듯이 'AI 기반의 자동 채색'을 해 주는 사이트이다. 즉, 이 사이트를 활용하면 스케치한 그림에 자동으로 색을 입힐 수 있다. 직접 그린 스케치를 업로드하거나 사이트에서 제공하는 샘플 이미지에 색칠할 수 있다. 색상은 '탄포포', '사츠키', '칸나' 세 가지 스타일 중에서 선택하면 된다. 색깔 도구를 사용하면 스케치에 색 효과를 추가할 수 있다. 선을 더 분명하게 정리해 주는 '스케치 단순화' 모드도 활용하면 좋다. 팬더와 시로쿠마의 두 가지 스케치 단순화 스타일을 제공한다. 크롬으로 접속하여 한국어 번역 모드를 활용하면 사용이 더욱 쉬워진다.

 AI 플레이그라운드

자신이 직접 그린 스케치에 색칠하고 싶다면 [**스케치 이미지 업로드**] 버튼을 클릭힌다.

자신이 업로드한 이미지를 **칸나** 모드로 채색해 준 것을 확인할 수 있다.

사츠키 모드는 다음과 같이 채색된다.

탄포포 모드는 다음과 같이 채색된다.

다시 **칸나** 모드로 돌아와서 왼쪽 색깔 도구에서 노란색을 클릭한 후 왼쪽 이미지에 노란 선을 추가해 주면 오른쪽 이미지의 해당 부분이 노랗게 변하는 것을 확인할 수 있다. 내가 원하는 색으로 AI가 채색해 주는 것이다.

이제 **스케치 단순화** 모드를 확인해 보자. 화면 왼쪽 색깔 모드에서 **선** 모드로 전환하면 **팬더**와 **시로쿠마** 모드 중 선택하여 선 단순화를 할 수 있다. 먼저 **팬더** 모드로 선 단순화를 실행해 보자.

원본 이미지와 비교하였을 때 불필요한 선들이 조금 더 깔끔하게 정리된 것을 알 수 있다(오른쪽 이미지를 보면 왼쪽 이미지의 부엉이 눈을 나타내는 선마저 사라졌다).

▲ 스케치 원본

▲ 스케치 단순화 팬더 모드

이번에는 **시로쿠마** 모드의 선 단순화를 실행해 보자.

원본 이미지와 비교하였을 때 선이 조금 더 진하게 색칠된 것을 확인할 수 있다.

▲ 스케치 원본

▲ 스케치 단순화 시로쿠마 모드

옆에 **선** 도구(선 명암, 굵기, 지우개 사용 가능)를 활용하면 스케치에 선을 추가할 수 있다.

이제 화면 위의 **샘플 이미지 색상화**를 클릭해 보자. 여러 삽화가가 그려준 이미지 중에서 선택할 수 있다.

이모무시 산의 일러스트 오카타의 일러스트 모모의 일러스트 2

데 로리의 일러스트 모모의 일러스트 1 모모의 일러스트 3

마찬가지로 왼쪽의 **색깔** 도구를 활용하여 채색할 수 있다.

제공된 **칸나** 모드 채색에서 추가로 색 효과를 입혀 변화를 준 모습이다. 완성된 그림은 화면 아래의 [**공유**], [**다운로드**] 버튼을 클릭하여 다른 사람과 공유하거나 이미지로 저장할 수도 있다.

3 AI와 놀아 보기

놀이 AI로 컬러링 하기

오토드로우로 스케치한 그림을 페탈리카 페인트에 업로드해 AI가 어떻게 컬러링 했는지 확인해 보자.

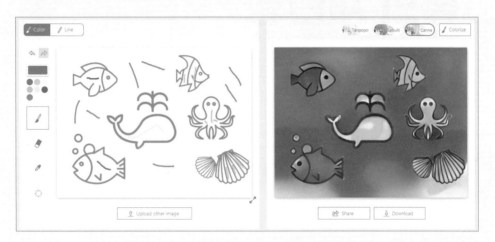

❶ 오토드로우 프로그램을 실행해 원하는 그림을 스케치한다.

❷ 스케치한 그림을 다운로드 한 후 Petalica Paint 프로그램에 업로드한다.

❸ 탄포포, 사츠키, 칸나 중 마음에 드는 모드를 선택한다.

❹ 왼쪽 창에 추가하고 싶은 색깔을 선을 그려 나타낸 후, 오른쪽 창에 AI가 어떻게 컬러링을 했는지 확인한다.

❺ 마음에 드는 그림은 화면 아래의 [Download] 버튼을 클릭하여 저장하고 공유한다.

NVIDIA AI-Playground

그림의 재탄생

1 AI 사이트 소개

엔비디아 AI 플레이그라운드
https://www.nvidia.com/en-us/research/ai-playground

　엔비디아는 사람들이 그린 낙서를 마치 사진과 같은 사실적인 예술 작품으로 변환하는 '고갱(GauGAN)'이라는 AI 기술로 주목을 받았다. 현재 엔비디아 AI 플레이그라운드 사이트에서는 'GANimal', 'GauGAN', '이미지 인페인팅(Image Inpainting)'이라는 세 가지 AI 기술을 체험해 볼 수 있다. 'GANimal'은 생성적 적대 신경망(Generative Adversarial Networks, GAN)이라는 새로운 인공지능 기술을 기반으로 동물의 사진을 보고 표정이나 자세를 다른 동물에 똑같이 구현하는 기술이다. 이를 통해 개나 고양이의 사진을 업로드하면 사진 속 동물의 표정과 자세를 아프리카 사냥개나 이집트 고양이에서 시추, 눈표범, 곰까지 수십 종의 동물에 적용할 수 있다. 'GauGAN'은 사용자가 그린 그림을 사실적인 풍경으로 변환하는 기술이며, '이미지 인페인팅'은 사진 속에서 마음에 들지 않는 부분을 편집하고 사실적인 컴퓨터 생성 이미지로 그 부분을 메우는 AI 이미지 기법이다. 하반기에는 5만 편의 게임으로 훈련되어 기본 게임 엔진 없이도 PACMAN 게임의 모든 기능을 생성할 수 있는 'GameGAN'이라는 기술도 선보일 예정이다.

AI 플레이그라운드

1 GameGAN

크롬으로 접속하여 한국어 번역 모드를 활용하면 더욱 쉽게 이용할 수 있다. 화면 상단의 **AI 놀이터**를 클릭하거나 사이트 메인 화면에서 스크롤을 아래로 내리면 엔비디아에서 현재 개발, 연구 중인 AI 기술에 대한 안내가 나오는데 그중 첫 번째는 **GameGAN**이다.

GameGAN은 엔비디아 리서치에서 개발한 AI 모델로 컴퓨터 게임 엔진을 모방한 최초의 신경망 모델이다. 팩맨 게임이 생성적 대립 신경망(GAN) 'GameGAN'을 활용해 기초 엔진 없이 인공지능을 기반으로 팩맨 게임의 5만여 개 에피소드를 학습해 복고풍 클래식 게임으로 재탄생했다. 현재는 체험할 수 없지만, 올 하반기에는 이 연구를 통해 개발된 데모 게임을 AI 플레이그라운드에서 경험할 수 있다.

❷ GANimal

GANimal은 GAN 기술을 기반으로 동물의 사진을 보고 표정이나 자세를 다른 동물에 똑같이 구현하는 기술이다. 이 프로그램에 동물 사진을 업로드하면 사진 속 동물의 표정을 아프리카 사냥개나 이집트 고양이에서 시추, 눈표범, 곰까지 수십 종에 동물에 적용할 수 있다. **[대화형 데모 시작]** 버튼을 클릭하여 체험해 보자.

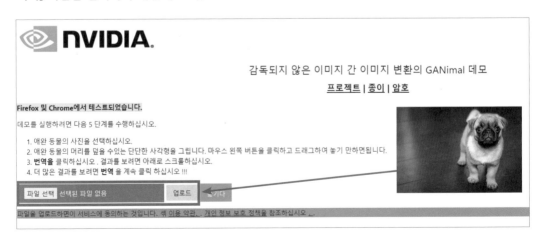

동물의 표정이 잘 드러난 사진을 선택한 다음, [업로드] 버튼을 클릭한다. 업로드된 사진 속 동물의 표정을 사각형으로 선택해 준다.

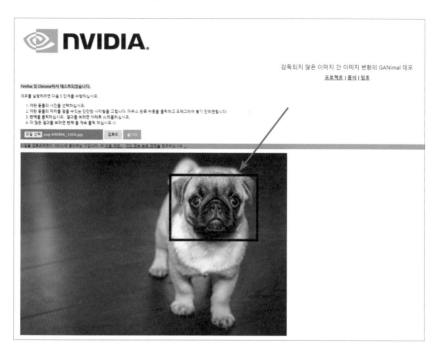

그다음으로 초록색 [옮기다(Translate)] 버튼을 클릭하고 스크롤을 아래로 내리면 다음과 같이 사자, 곰, 늑대 등의 여러 동물에 내가 업로드한 동물의 표정이 똑같이 구현된 것을 확인할 수 있다.

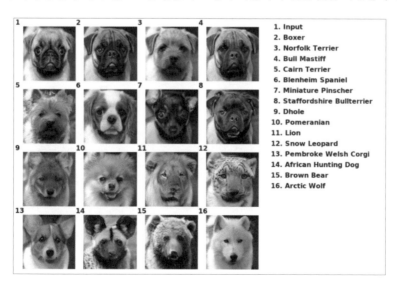

❸ GauGAN

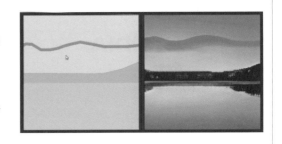

NVIDIA GAUGAN

인상파 이후 화가 폴 고갱 (Paul Gauguin)의 이름을 딴 GauGAN은 세그먼테이션 맵에서 장면의 레이아웃을 나타내는 스케치로 레이블 된 사실적인 이미지를 만듭니다

아티스트는 페인트 브러쉬 및 페인트 통 도구를 사용하여 강, 바위 및 구름과 같은 레이블로 자신 만의 풍경을 디자인 할 수 있습니다 스타일 전송 알고리즘을 통해 제작자는 낮 장면을 일몰으로 변경하거나 사실적인 이미지를 그림으로 변경하여 필터를 적용 할 수 있습니다 사용자는 자신의 필터를 업로드하여 작품에 레이어를 추가하거나 사용자 정의 분할 맵과 가로 이미지를 아트 워크의 기초로 업로드 할 수도 있습니다

연구 논문보기›| 블로그 읽기›| 자료›

[대화 형 데모 시작]

후기 인상파 대표 화가인 폴 고갱의 이름을 따 **GauGAN**이라고 불리는 이 기술은 GAN이라고 불리는 생성적 적대 신경망을 활용해 분할 지도를 실제 같은 이미지로 변환시켜 준다. 간단한 스케치 만으로도 멋진 풍경화를 완성할 수 있다. **[대화형 데모 시작]** 버튼을 클릭하여 체험해 보지.

먼저 화면 아래의 이용 동의에 체크를 해 주어야 프로그램을 사용할 수 있다. 단축키도 알아두면 유용하다(Ctrl + Shift + B = 브러쉬, Ctrl + Shift + F = 채우기, Ctrl + Z = 실행 취소).

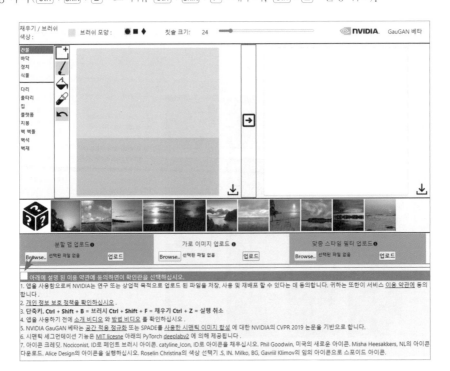

화면 왼쪽에서는 브러쉬 종류(건물, 바닥, 경치, 식물)를 선택할 수 있다.

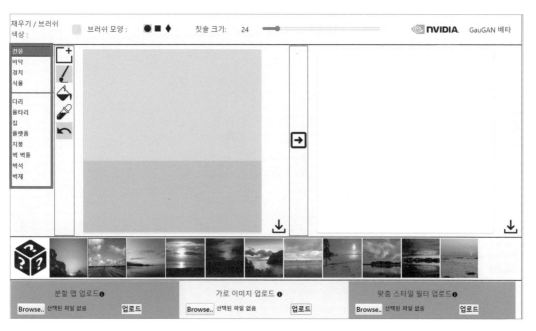

건물	건물	건물	건물
바닥	바닥	바닥	바닥
경치	경치	경치	경치
식물	식물	식물	식물
다리	더러운	구름	부시
울타리	자갈	안개	꽃
집	지상 기타	언덕	잔디
플랫폼	진흙	산	빨대
지붕	포장	강	나무
벽 벽돌	도로	록	목재
벽석	모래	바다	
벽재		하늘	
		눈	
		결석	
		물	

화면 위에서는 브러쉬 모양과 크기를 설정할 수 있다.

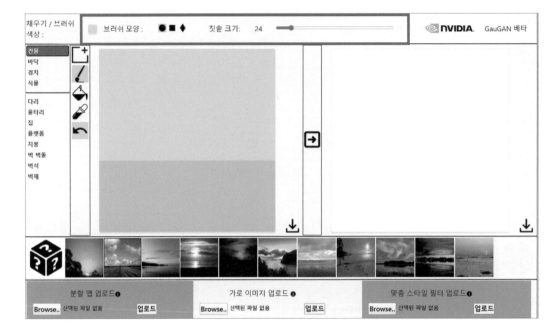

이제 화면 하단의 물음표 박스 옆의 이미지 중 자신이 표현하고 싶은 느낌과 가장 비슷한 이미지를 클릭하자(물음표 박스를 클릭하면 랜덤으로 표현된다). 만약 두 번째 이미지를 클릭하면 비어있던 오른쪽에 풍경화가 생성되는 것을 확인할 수 있다.

이제 자신이 표현하고 싶은 풍경을 브러쉬에서 적절히 선택해 스케치해 준 다음, 가운데 화살
표를 클릭하면 풍경화가 완성되는 것을 확인할 수 있다. 다음은 구름, 산, 잔디, 나무, 꽃, 물 브
러쉬를 활용하여 그린 그림이다. 완성한 그림을 저장하고 싶다면 오른쪽 아래[⬇] 버튼을 클릭
한다.

화면 아래의 **분할 맵 업로드**를 클릭하면 왼쪽 스케치 부분의 분할된 이미지를 자신이 원하는 이
미지로 불러올 수 있다.

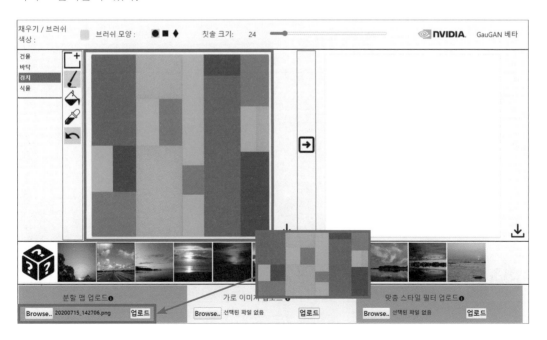

다음으로 **가로 이미지 업로드[→]**를 클릭하면 자신이 업로드한 이미지의 스케치 버전이 왼쪽 부분에 채워지는 것을 확인할 수 있다.

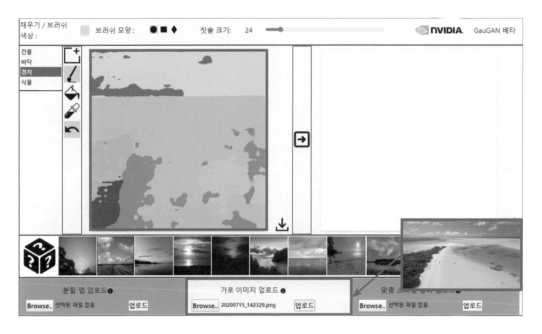

다음으로 **맞춤 스타일 필터 업로드**를 클릭하면 자신이 업로드한 이미지 필터가 추가되는 것을 확인할 수 있다.

④ 이미지 인페인팅

이미지 인페인팅은 이미지를 편집하거나 손상된 이미지 복원이 가능한 딥러닝 기술이다. 사진 속 콘텐츠를 삭제하거나 여백을 채우는 등의 이미지 편집이 가능하여 원하지 않는 콘텐츠를 삭제하고 사실적인 컴퓨터 생성 이미지를 대신 채워 넣을 수 있다. [대화형 데모 시작] 버튼을 클릭하여 체험해 보자.

가운데 [시작하자(Let's Get Started)] 버튼을 클릭한다.

IMAGE INPAINTING

Image Inpainting lets you edit images with a smart retouching brush.
Use the power of NVIDIA GPUs and deep learning algorithms to replace
any portion of the image.

Let's Get Started

By clicking the "Let's Get Started" button, you are agreeing to the Terms and
Conditions.

1단계는 이미지(JPG, PNG 형식이어야 함)를 업로드하는 단계다. 흰 화면을 클릭하면 사진을 업로드할 수 있다. 이미지의 가운데 부분이 화면 중앙에 올 수 있도록 드래그한 후 [다음 단계] 버튼을 클릭한다.

　2단계는 어떻게 이미지를 변경할지 선택하는 단계다. 가장 왼쪽 버튼인 **[이미지 변경]** 버튼을 클릭하면 1단계로 돌아가 새로 이미지를 선택할 수 있다. 사진에 마우스를 갖다 댄 상태로 움직여보면 하얀 브러쉬가 그려지는 것을 알 수 있다. 이때 브러쉬의 굵기를 바꾸고 싶다면 화면 아래의 **브러쉬 폭**을 ⊖에서 ⊕로 조절할 수 있다. 이 브러쉬가 사진 편집 부분을 나타낸다. **[마스크 숨기기]**는 브러쉬로 표시한 부분을 숨겨주는 역할(브러쉬로 표시한 부분을 지워주진 않음)이며 **[명확한]** 버튼은 브러쉬로 표시한 부분을 다 지워주는 지우개 역할을 한다. **[실행 취소]** 버튼은 실행 전으로 돌아가게 해 준다. 다음 그림에서는 아이 옆의 동물을 지우기 위해 브러쉬로 동물을 지운 후 **[모델 적용]** 버튼을 클릭하였다.

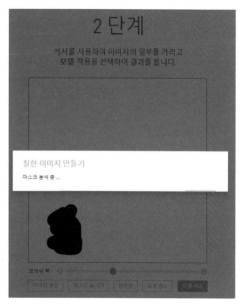

3단계는 편집이 완료된 그림을 보여준다. 오른쪽 부분의 도장 결과를 보면 동물이 사라진 것을 확인할 수 있다. 화면 아래의 **[마스크 편집]** 버튼을 클릭하면 다시 2단계로 돌아가 추가로 편집할 수 있다.

[마스크 표시] 버튼을 클릭하면 브러쉬로 수정한 부분이 무엇인지 표시해 준다.

3 AI와 놀아 보기

🎗 놀이 1 AI와 함께라면 나도 화가가 될 수 있어!

엔비디아의 고갱 프로그램을 활용하여 풍경화를 그려 보자.

❶ 그리고 싶은 풍경을 떠올린다.

❷ 엔비디아 플레이그라운드에서 고갱 프로그램을 실행한다.

❸ 왼쪽 창에 선이나 점으로 간단하게 스케치를 해 주면 오른쪽 창에 AI가 스케치를 풍경화로 바꾸어 준다.

❹ 완성된 작품은 오른쪽 아래 [⬇] 버튼을 클릭하여 저장하고 공유한다.

엔비디아의 이미지 인페인팅 프로그램을 활용하여 사진 속 불필요한 부분을 지워 보자.

ORIGINAL IMAGE

INPAINTED RESULT

❶ 자신의 사진 중 불필요한 부분을 지우고 싶은 사진을 찾는다.

❷ 엔비디아 플레이그라운드에서 이미지 인페인팅 프로그램을 실행한다.

❸ 지우고 싶은 부분을 붓으로 칠해 가려 준다.

❹ AI가 붓이 터치된 부분을 지우고 어울리는 배경을 채워 넣어 사진을 완성해 준다.

이것도 알아두면 좋아요!   **인페인팅에서 지우는 부분에 따라 왜곡도**

이 프로그램은 사진을 수정 보완하는 포토샵 작업이 아니고, AI가 붓으로 표시된 부분을 지우고 어울리는 배경을 채워 넣는 원리이기 때문에 지우고자 하는 부분에 따라 왜곡이 나타날 수 있다.

다음 세 가지 그림 중 인공지능이 그린 그림은 무엇일지 찾아보세요.

▲ 출처: https://en.wikipedia.org/wiki/Edmond_de_Belamy, https://www.nextrembrandt.com, https://deepdreamgenerator.com

위 세 가지 그림 모두 인공지능이 그린 그림이다.

첫 번째 그림은 프랑스 아티스트 3인방 '오부비아스(Obvious)'가 인공지능을 학습시켜 만들어낸 작품으로 '에드몬드 벨라미의 초상화(Portrait of Edmond Belamy)이다. 이 그림은 미국에서 열린 경매에서 약 5억 원에 낙찰이 되었다고 한다.

두 번째 그림은 마이크로소프트 사와 네덜란드 기술자들이 공동으로 개발한 인공지능이 렘브란트의 화풍을 재현한 그림이다. 인공지능은 150GB에 해당하는 렘브란트 그림의 특징을 학습하였고, 개발팀은 이 인공지능에 "모자를 쓰고 하얀 깃 장식과 검은 옷을 입은 30~40대 백인 남자를 그려라."라고 했다. 인공지능은 학습한 내용을 바탕으로 렘브란트 화풍을 그대로 재현해냈다. 이 그림은 넥스트 렘브란트 사이트(www.nextrembrandt.com)를 방문하면 더 자세히 볼 수 있다.

세 번째 그림은 본 책에서도 체험해 본 딥 드림 제너레이터가 고흐의 화풍을 학습하여 재현한 그림이다.

인공지능은 GAN 알고리즘을 이용해 특정 이미지를 입력하면 유명 화가의 화풍을 적용하여 그림을 재현해내기도 하고, 창작해내기도 한다. 다음 그림은 딥 드림 제너레이터가 만든 것으로 최고가 8,000달러에 낙찰된 작품이다.

▲ 출처: https://deepdreamgenerator.com

　이렇게 데이터를 학습하여 그림을 그리는 인공지능뿐만 아니라 스스로 그림을 그리는 인공지능도 있다. 화가 겸 예일대 교수 해럴드 코헨은 스스로 그림을 그릴 수 있는 인공지능 알고리즘 '아론(Aron)'을 개발했는데, 버튼을 누르면 그림을 그리고 색칠하면서 추상화 작품을 만들어 낸다. 이 작품들은 인공지능이 창작한 결과물을 예술 작품으로 인정할 수 있느냐라는 논의를 불러일으키기도 하였다.

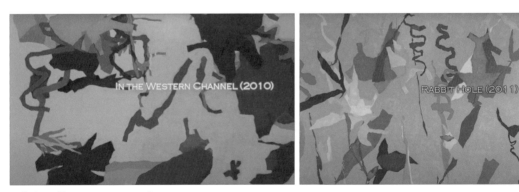

▲ 출처: http://www.aaronshome.com/aaron

　이러한 인공지능의 창작품은 문학, 음악 등 창작을 해야 하는 다양한 분야로 확대되고 있다.

'바람이 잎사귀에 정갈하게 흔들린다. 달과 별을 만나는 이 소리는 날이 갈수록 그리움으로 몸집을 불린다.'

이 글귀는 2019년 성균관대학교에서 열린 '인공지능 백일장' 대회에서 인공지능이 쓴 문장이다.

2016년 인공지능 벤자민은 8분 분량의 영화의 줄거리를 썼고, 영화 '선스프링'이 만들어졌다. 컴퓨터 과학자 로스 굿윈이 1980~90년대 공상과학영화 대본 수십 개를 입력시켜 벤자민을 학습시킨 결과였다. 같은 해 일본에서는 인공지능이 쓴 단편소설이 문학상 1차 심사를 통과하기도 하였다.

2012년 딥러닝 기술이 도입되면서 작곡에도 많은 영향을 미쳤다. 그 중 '에이바(Aiva)'는 인간 예술가와 공동으로 작업한 앨범인 '제네시스(Genesis)'를 발표하기도 하였다. 에이바가 작곡을 담당하고, 오케스트레이션이나 배열, 제작, 연주에는 인간이 함께 참여하였다. 앨범에는 24곡이 수록되어 있다. 에이바는 강화학습에 기초한 딥러닝 알고리즘을 사용하였다. 강화학습은 인공지능만의 방식으로 성능을 스스로 개선하기 때문에 창의적인 요소가 가미되어야 하는 예술 작품에서 다양성과 변화를 추구할 수 있게 해준다. 에이바는 작곡가로서의 법적인 자격을 최초로 얻은 시스템으로, 에이바의 창작품은 저작권이 인정된다.

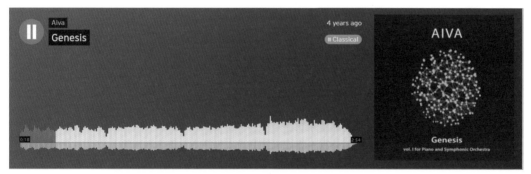

▲ Symphonic Fantasy in A minor, Op. 21, "Genesis"
출처: https://soundcloud.com/user-95265362/sets/genesis

인간 고유 영역으로 여겼던 창작도 이제는 인공지능이 넘보고 있다. '인공지능이 만들어낸 작품을 예술 작품으로 인정할 것인가'에 대한 질문과 이에 대한 논의는 계속되고 있으나 에이바와 같이 법적으로 인정을 받는 경우도 늘어나고 있다.

예술가 중에서도 인공지능만으로는 예술가로서 능력을 발휘하지 못하며 인간의 개입이 필요하므로 인공지능과 인간 사이의 중간자 역할이 필요하다고도 한다. 창작의 고통은 매우 크기 때문에 인공지능과 협력한다면 인간의 창의성을 더 잘 발휘할 수 있다는 것이다.

다음 장면은 수웬 청(Sougwen Chung)이 인공지능 로봇과 함께 그림을 그리는 있는 모습이다. 수웬 청은 사람과 사람, 사람과 기계 간의 의사소통 사이의 친밀성을 연구하는 예술가로 예술가 손을 따라 드로잉 스타일을 배우는 기계에 관해 탐구하면서 함께 작품을 만들어 내고 있다.

▲ 수웬 청(Sougwen Chung)이 인공지능 로봇과 함께 그림을 그리는 있는 모습
출처: https://aiartists.org/sougwen-chung

카메라가 등장하였을 때 사람들은 회화의 위기라 말하였다. 현실 세계를 아주 명확히 드러내는 사진이 작품으로서의 가치가 있을까에 대한 의문도 제기하였으나 영국의 비평가 존 러스킨은 사진의 창조적 가능성을 제시하기도 하였다. 그리고 프랑스의 화가 앵그르는 "우리 가운데 어떤 것이 그러한 사실성과 확실성을 가질 수 있는가, 그것은 선과 형상을 읽을 수 있다. 사진은 아름답다. 그러나 우리는 누구에게도 말해서는 안 된다."라고 말하며 사진의 예술적 가능성에 관해 이야기하였다. 화가들은 사진의 등장으로 회화가 죽음에 이를 것이라는 두려움을 갖게 되었지만, 회화는 살아남았고, 일부 화가들은 사진을 회화의 보조 도구로 사용하기도 하였다. 초상화를 그리는 화가들에게 사진은 여유로움을 가져다주었고, 새로운 기술의 등장이 두려운 경계의 대상이 아니라는 것을 확인할 수 있게 되었다.

인공지능과 함께 하는 시대에서도 사람들은 창작의 영역을 침범당할 것 같은 두려움에 사로잡히기도 한다. 하지만 위와 같은 역사적 사건을 되돌아보았을 때 인간은 또 지금의 능력 이상을 발

휘하지 않을까 하는 낙관적인 희망도 품어보게 된다. 이제는 인공지능과 공존하는 방법에 관한 고민이 필요한 때이다(참고: 강민석(2020). 〈포스트 휴먼 시대의 예술 : 인공지능의 예술 주체 가능성을 중심으로〉. 중앙대학교 대학원. 석사 학위 논문).

4부

기계와 머신러닝
학습하는 인공지능

가르치는 기계

① AI 사이트 소개

티처블 머신

https://teachablemachine.withgoogle.com

티처블 머신은 구글(Google)이 머신러닝 모델의 학습 과정을 쉽게 이해하고, 직접 모델을 생성

해 활용할 수 있게 만든 사이트이다. 티처블 머신은 공부하기도 어렵고 가르치기도 까다로운 머신러닝을 PC를 사용할 수 있는 사람이라면 누구라도 쉽게 배우고 활용할 수 있도록 해주는 학습 도구다. 특히 단순한 학습 도구에 머물지 않고 프로젝트 과정에서 생성한 학습 모델을 다양한 방법과 용도로 활용하는 것도 가능하다. 지도학습 알고리즘이기 때문에 훈련을 위한 입력 데이터에 레이블을 달아주고, 이를 바탕으로 머신러닝을 통한 모델을 생성한 다음 새로운 입력 데이터를 넣으면 어느 클래스에 해당하는지 확률값으로 예측해 준다.

그래서 프로젝트는 **샘플 수집**(Gathering), **학습 실행**(Training), **학습 결과**(Preview)의 세 과정으로 이루어진다.

② AI 플레이그라운드

사이트 첫 화면에서 [Get Started] 버튼을 클릭한다.

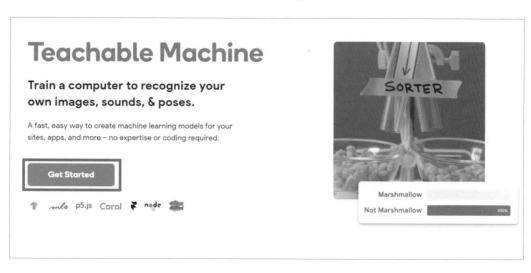

1 이미지 프로젝트

새로운 프로젝트에서 Image Project를 선택한다.

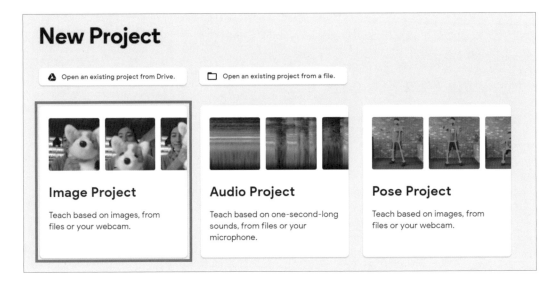

프로젝트 화면은 샘플 수집, 학습 실행, 학습 결과로 나누어져 있다.

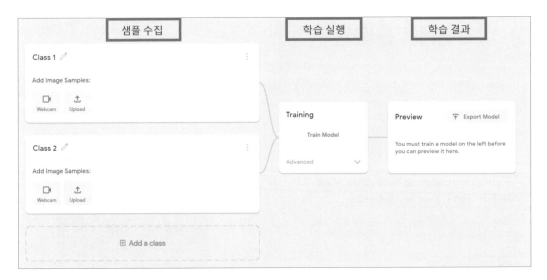

• 훈련용 데이터 입력하기

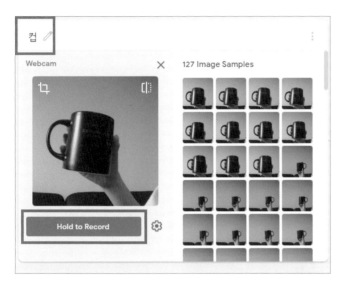

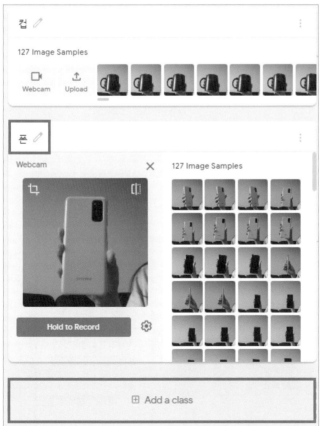

샘플 수집 단계의 'Class1'은 항목에 이름을 붙여준다고 생각하면 된다. 그래서 다음 예시는 '컵'이라는 이름을 붙여주었다. 샘플 이미지 추가는 PC나 노트북에 연결된 웹캠으로 촬영하거나 이미 가지고 있는 사진을 업로드하면 된다. 예시는 촬영을 위해 웹캠을 클릭하고 '컵'이라는 샘플 이미지를 만들어 주었다. 이때 [Hold to Record] 버튼을 꾹 누른 상태에서 촬영을 해주면 이미지 생성이 훨씬 수월하다.

컵과 비교할 샘플에 '폰'이라는 이름을 붙여 웹캠 촬영을 통해 폰 이미지 샘플 자료를 만들어 주었다.

만약에 항목을 더 추가하고 싶다면 아래 Add a class를 클릭하면 더 많은 샘플 자료를 만들 수 있다.

• 학습을 통한 모델 만들기

우리는 2개의 샘플 자료를 구분하는 머신러닝 모델을 만들기 위해 이제 Training 단계로 넘어와서 [Model Trained] 버튼을 클릭해 학습을 시작한다.

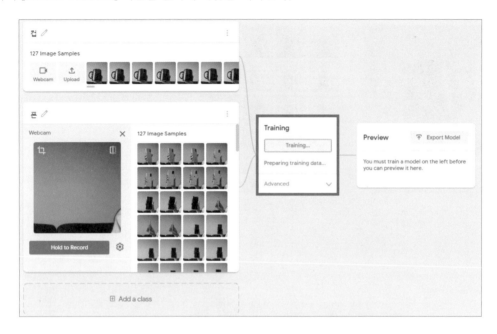

• 예측하기

학습이 완료되면 Preview 창이 활성화되며 학습한 내용에 따라 판단해 결괏값을 보여준다. [Expert Model] 버튼을 누르면 우리가 사용하는 다른 프로그램에 활용할 수 있다.

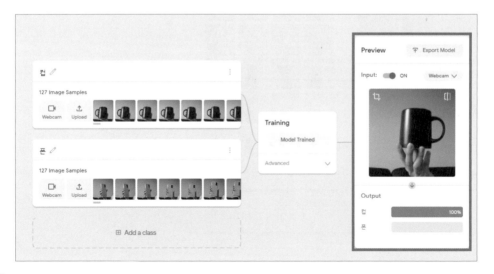

⚠️ 여기서 잠깐!

두 개의 이미지가 혼재되어 있거나 배경이 바뀌면 인식률은 어떻게 될까?

▲ 컵과 휴대폰을 보여주었을 때

▲ 배경이 바뀌었을 때

▲ 다른 색깔의 컵을 보여주었을 때

▲ 휴대폰을 두 개 보여주었을 때

두 개의 이미지가 동시에 비치거나 배경 또는 조명이 바뀌는 경우 모델이 학습하지 못한 요소가 추가돼 혼동할 수가 있다. 이럴 때 다시 또 이미지 자료를 추가로 입력하여 학습을 시켜야 한다.

그렇다면 왜 혼동할까?

컴퓨터에서의 이미지는 숫자의 픽셀 패턴의 집합에 불과하다. 사람이 시각을 통해 보는 이미지가 아닌 픽셀로 인식하기 때문에 학습한 자료에 다른 자료가 추가되어 변동사항이 생기면 혼동이 생길 수

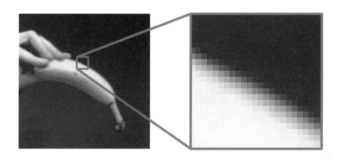

밖에 없는 것이다. 그러므로 머신러닝을 할 때 다양한 자료를 사용하여 학습시키는 것이 예측 정확도를 높이는 방법이다.

② 음성 프로젝트

음성 프로젝트는 배경 음성을 녹음한 뒤 학습시키고자 하는 음성을 다른 클래스로 추가하여 입력되는 음파의 파장에 따라 여러 종류의 소리를 인식할 수 있도록 훈련한다. 다음 예시는 박수 소리와 휘파람 소리를 입력하였다.

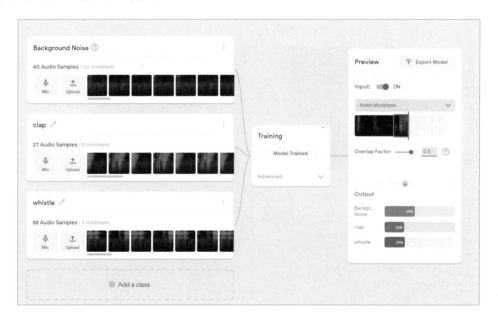

③ 포즈 프로젝트

포즈 인식은 사람의 모습에서 팔, 다리, 머리 및 관절의 위치를 추측하는 것을 말한다. 카메라를 켜면 관절에 해당하는 부위에 파란 점이 찍히는 것을 살펴볼 수 있다.

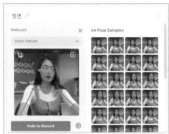

▲ 머리 방향 정면을 인식하는 모습

▲ 머리 방향 왼쪽을 인식하는 모습

▲ 머리 방향 오른쪽을 인식하는 모습

3개의 샘플 자료를 [Model Trained] 버튼을 클릭하여 학습시킨다.

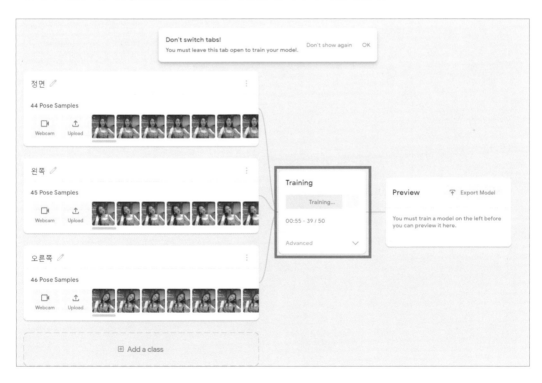

제대로 인식하는지 Preview 화면을 통해 확인한다.

여기도 알아두면 좋아요! **티처블 머신의 활용과 한계**

티처블 머신은 범주가 이미지, 소리, 자세로 제한적이며, 많은 데이터 학습이 가능하나 머신러닝 후 얻어진 결과를 블록 코딩으로 활용할 수 없다는 한계가 있다. 머신러닝의 원리를 이해하기는 쉽지만, 결과 활용 측면에서는 텍스트 코딩을 모르면 티처블 머신을 활용하기 어려울 수 있다.

3 AI와 놀아 보기

놀이 ① 누가 누가 더 정확하게 예측하나?

학습 모델을 만들어 누구의 모델이 예측을 더 잘하는지 확인해 보자.

❶ 모둠을 만든다.

❷ 이미지, 소리, 포즈 중 어느 데이터로 학습 모델을 만들지 정한다.

❸ 데이터 유형을 정했으면 데이터를 수집한다(직접 촬영해도 좋다).

❹ 1차 학습 모델을 만들고, 누구의 학습 모델이 예측을 잘하는지 확인하며 놀아 보자.

❺ 1차 학습 모델을 수정한다(데이터 추가 입력, 불필요한 데이터 삭제 등).

❻ 수정한 학습 모델로 최종 우승자를 확인해 본다.

놀이 ② AI 헬스 트레이너

서 있는 동작과 스쿼트 동작을 구분하는 학습 모델을 만들고 얼마나 동작을 잘 수행하는지 확인해 보자.

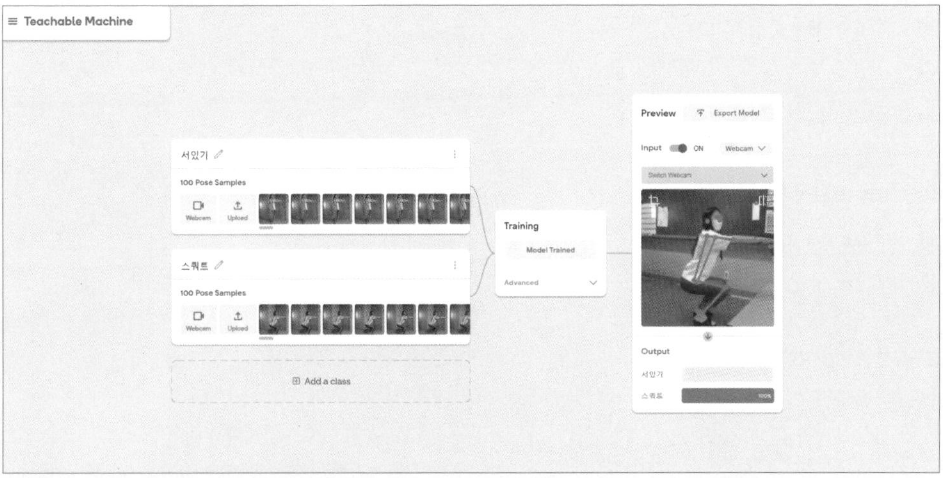

❶ 티처블 머신의 포즈 프로젝트를 선택한다.

❷ 서 있는 자세와 스쿼트 자세를 웹캠으로 찍어 데이터를 수집한다.

❸ 학습 모델을 만들어 훈련하게 시킨 후 스쿼트 동작을 정확히 수행하는지 확인한다.

시리얼과 마시멜로를 학습시켜 학습 모델을 만들고, 이를 활용하여 분류기를 만들어 보자.

준비물

두꺼운 종이, 가위, 자, 눈깔, 아두이노 레오나르도, 마이크로 서보, 점퍼 전선, 도면 등

※ 도면은 다음 주소를 클릭하여 다운로드한다.

　　https://experiments.withgoogle.com/tiny-sorter/view

분류기 만들기

❶ 인쇄물을 출력하여 도면대로 오린다.

❷ 오린 도면으로 상자를 만들고 눈을 붙인다.

❸ 아두이노와 연결한다.

아두이노 설정하기

❶ 아두이노 앱을 다운로드한다.

❷ 아두이노가 웹과 상호작용할 수 있도록 p5 스케치를 사용하고 연결한다. 분류기가 움직이는지 확인한다.

모델 훈련하고 분류하기

❶ 다양한 색깔을 가진 시리얼을 학습시켜 모델을 만든다.

❷ 분류기가 시리얼을 잘 분류하는지 실행시켜 본다.

11

ML4KIDS

아이들을 위한 머신러닝

① AI 사이트 소개

머신러닝포키즈

https://machinelearningforkids.co.uk

소개   워크시트   뉴스   도움말   로그인   Language

**인공지능 게임
을 만들어봐요.**

1 먼저 여러 데이터를 모아보세요

2 데이터를 사용하여 인공지능을
훈련시켜보세요

시작해봅시다   더 알아볼까요?

3 인공지능을 사용하여 스크래치
게임을 만들어보세요

머신러닝포키즈는 IBM에서 개발한 서비스로 머신러닝 시스템을 훈련시키고 만드는 과정을
제공하여 아이들이 직접 머신러닝을 체험해 볼 수 있게 한다. 텍스트, 숫자, 이미지를 분류하는

머신러닝 모델을 만들고 만든 모델을 활용하여 스크래치, 파이썬, 앱인벤터 등을 이용해 프로그램 제작에 활용할 수 있다. IBM Watson Developer Cloud의 API를 사용한다.

티처블 머신과 마찬가지로 지도학습 알고리즘을 활용하며 훈련 단계에서 레이블을 추가하여 데이터를 분류하여 입력한 다음 학습 및 평가 단계에서 머신러닝을 시키면 만들기 단계에서 프로그램 제작을 할 수 있다.

머신러닝포키즈의 프로젝트는 훈련, 학습&평가, 만들기의 세 과정으로 구성돼 있다.

2 AI 플레이그라운드

머신러닝포키즈는 학생들이 쉽게 따라 할 수 있는 프로젝트 파일을 제공한다. 우리는 이중 **스마트 교실** 프로젝트(선풍기와 전등을 말로 켜고 끌 수 있는 교실)를 만들어 보도록 하자.

• 프로젝트 준비하기

❶ 머신러닝포키즈의 첫 화면에서 [시작해봅시다] 버튼을 누른 후, [프로젝트 추가] 버튼을 누르면 프로젝트를 만들 수 있다.

❷ [시작해봅시다] 버튼을 클릭하면, 처음 방문한 사람들을 위한 [계정 만들기], 이미 가입한 사람들을 위한 [로그인], 등록을 건너뛰고 일단 [지금 실행해보기] 버튼을 클릭한다. 자신의 계정을 만들면 프로젝트를 저장하고 불러와 활용할 수 있다.

❸ 다음 화면에서 오른쪽 부분의 [+ 프로젝트 추가] 버튼을 눌러준다.

프로젝트의 이름을 'smart classroom'이라고 정하고(프로젝트 이름은 한국어 입력이 불가능하다), 텍스트, 이미지, 숫자, 소리 중 인식하고자 하는 방법이 무엇인지 설정한다. '텍스트 인식'을 실행하기 위해 텍스트를 클릭한다. 언어는 한국어 'Korean'을 클릭한다. 그다음 프로젝트 [만들기] 버튼을 눌러준다.

❹ 다음 화면에서 '텍스트' 글씨를 클릭한다.

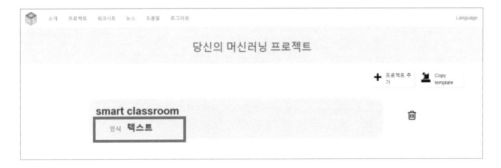

❺ 프로젝트를 만들고 나면 훈련, 학습&평가, 만들기 화면이 나오는데 이 중에서 프로젝트를 스크래치로 구현하기 위해 일단 [만들기] 버튼을 클릭한다.

❻ 스크래치 3.0으로 구현할 것이므로 두 번째 버튼인 [스크래치 3] 버튼을 클릭한다.

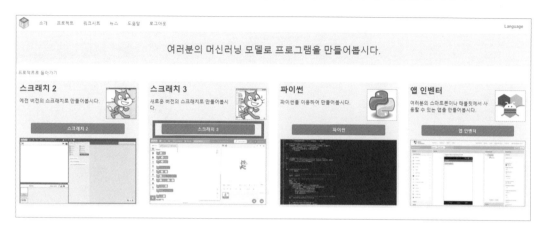

❼ 스크래치 화면에서 **프로젝트 템플릿**을 클릭한 후 첫 번째 **스마트 교실**을 선택한다.

classroom 스프라이트가 선택된 상태에서 대답이 선풍기, 전등을 켜거나 끄는 명령어일 때 해당 신호를 보내는 코드를 프로그래밍한다.

❽ 완성한 프로그램을 컴퓨터에 저장한 후 화면을 끄고 머신러닝포키즈 화면으로 돌아간다.

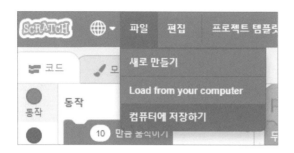

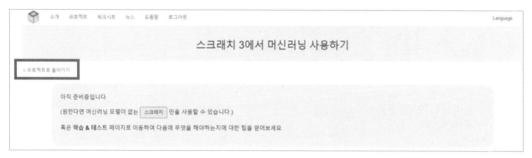

・ 훈련용 데이터 입력하기

❶ 이제 데이터 입력을 위해 **[훈련]** 버튼을 클릭한다.

우리는 선풍기와 전등을 켜고 끄는 명령어를 입력해 줄 것이므로 총 4개의 레이블을 만들고 그 안에 명령어를 입력해 준다. 이때 레이블 당 데이터를 많이 입력할수록 더 정확한 결괏값을 얻을 수 있다.

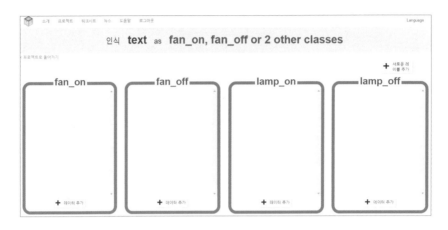

❷ 각 레이블의 데이터를 입력해준 후, [프로젝트로 돌아가기] 버튼을 클릭한다.

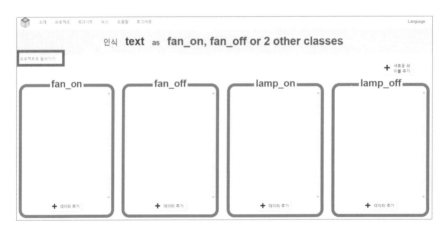

• 학습을 통한 모델 만들기

❶ 이제 입력한 데이터로 머신러닝을 하기 위해 [학습&평가] 버튼을 클릭한다.

❷ [새로운 머신러닝 모델을 훈련시켜보세요] 버튼을 클릭한다.

· 테스트하기

❶ 훈련이 끝나면 머신러닝이 제대로 이루어졌는지 테스트해 볼 수 있다. 만약 결과가 부정확하다면 데이터를 더 입력하여 정확도를 높이면 된다.

• 프로젝트 완성하기

① 다시 프로젝트로 돌아와서 **[만들기]** 버튼을 클릭하여 스크래치 프로그램을 완성한다.

❷ 조금 전에 만들었던 프로젝트를 불러온다.

❸ 다시 스크래치를 실행하면 명령 블록 중 'smart classroom' 블록이 새로 생긴 것을 확인할 수 있다. 이전 머신러닝의 학습 결과로 생긴 블록이라고 볼 수 있다.

• 예측하기

머신러닝 모델을 훈련시킨 후 모델을 확인해 볼 수 있다. 프로젝트에 입력한 "불 켜주세용"은 학습한 데이터가 아니지만 머신러닝의 결과로 추측하여 명령을 실행하는 것을 확인할 수 있다.

이것도 알아두면 좋아요! **IBM 왓슨을 이용할 때의 단점과 한계**

IBM 왓슨을 이용할 때 가장 큰 단점은 클라우드 계정 생성 절차가 복잡하다는 점이다. 또한, 스크래치 파일을 저장하더라도 모델링한 블록은 빠져 있어서 데이터를 모아 모델링하는 작업을 매번 해주어야 한다. 머신러닝을 구현해볼수는 있지만 머신러닝이 어떤 원리로 이루어지는지는 알기 어렵고 입력할 수 있는 데이터의 양에 한계가 있다.

 3 **AI와 놀아 보기**

 놀이 ▶ **날 기쁘게 해줘요!**

좋은 말과 나쁜 말을 학습시켜 말에 따라 적절한 표정을 짓는 프로그램을 만들어 보자.

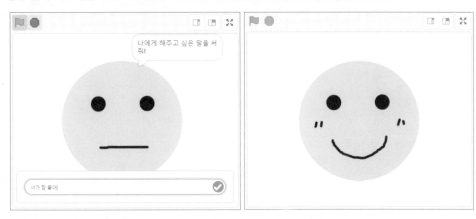

프로젝트 준비

* 머신러닝포키즈에서 제공하는 프로젝트 파일 중 두 번째 프로젝트를 실행해 보자.

– 출처: https://machinelearningforkids.co.uk/?lang=ko#!/worksheets

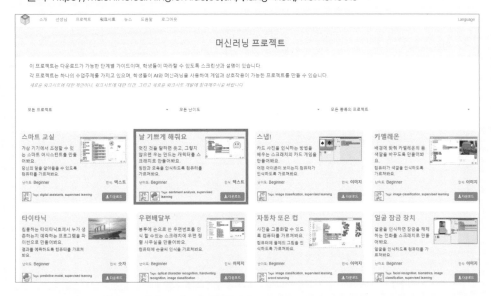

스크래치 3.0으로 프로그램 만들기

❶ 스프라이트 그리기를 활용하여 보통, 기쁨, 슬픔의 표정을 만들어 준다(스프라이트 1개, 모양만 3개).

❷ 해 주고 싶은 말을 써달라는 말과 함께 대답이 "좋아"라면 모양을 기쁨으로 바꾸고, "싫어"라면 모양을 슬픔으로 바꾼다.

❸ 프로그램이 잘 작동하는지 확인한 후 컴퓨터에 저장한다.

모델 훈련하고 분류하기

❶ 머신러닝포키즈 프로그램을 실행하고 프로젝트를 추가한다.

❷ "날 기쁘게 해줘요!"란 뜻의 "Make me happy"라는 제목의 프로젝트를 만든다(제목 이름은 영어로만 생성 가능).

❸ 텍스트 인식 방법을 선택한 후, 'happy_words'와 'sad_words'로 레이블을 만들어 각각 데이터를 추가한다.

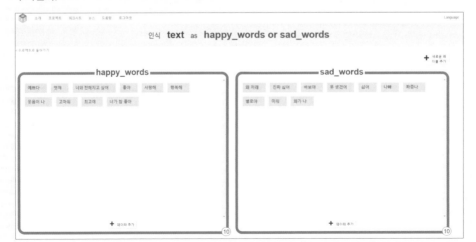

❹ 데이터를 추가한 후 [프로젝트로 돌아가기] 버튼을 눌러 [학습&평가] 버튼을 클릭하여 모델을 훈련시킨다. 학습이 완료되면 제대로 분류하는지 확인해 보고 불확실하다면 데이터를 더 추가해 준다.

❺ '학습 & 평가'가 완료되면 [만들기] 버튼을 클릭하고 스크래치 3.0을 실행한 후 아까 저장해 둔 프로그램 파일을 불러온다.

❻ 블록에 "Make me happy"가 추가된 것을 확인할 수 있다. 대답 레이블을 판단할 수 있는 코드를 프로그래밍한다.

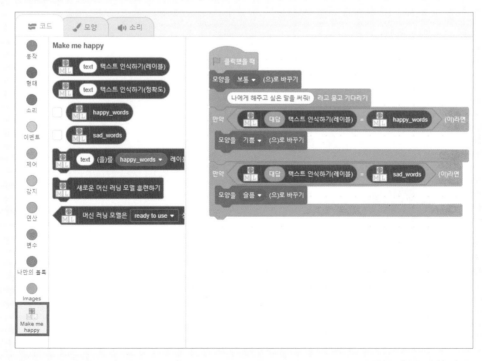

❼ 학습시키지 않은 단어를 입력해서 정확하게 AI가 판단하고 있는지 확인해 본다.

머신러닝(Machine Learning, 기계학습)은 데이터를 가지고 컴퓨터를 훈련시켜 스스로 모델을 찾아 예측하도록 하는 인공지능의 한 방법이다. 즉, 프로그래밍하지 않아도 데이터에서 자동으로 학습하여 예측 또는 결정을 하는 수학적 모델을 만들게 된다. 그래서 데이터가 많을수록 성능이 향상된다.

머신러닝 시스템은 과거 데이터로 학습하고, 예측 모델을 구축하여 새로운 데이터를 입력받을 때마다 출력을 예측한다. 예측된 출력의 정확성은 데이터의 양에 따라 달라진다.

몇 가지 예측을 수행해야 하는 복잡한 문제가 있다고 가정할 경우, 이 시스템을 만들기 위해서 코드를 작성하는 대신 알고리즘에 데이터를 제공해 주면 된다. 이러한 알고리즘의 도움을 받아 기계는 데이터와 출력을 예측한다.

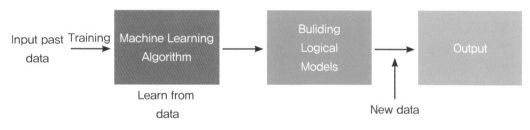

▲ 머신러닝 시스템
출처: https://www.javatpoint.com/machine-learning

머신러닝의 특징은 다음과 같다.

- 데이터를 사용하여 주어진 데이터 세트에서 다양한 패턴을 인식한다.
- 과거 데이터를 학습해 자동으로 개선할 수 있다.
- 데이터 기반 기술이다.
- 많은 양의 데이터를 처리하므로 데이터 마이닝과 매우 유사하다.

이러한 머신러닝은 사람이 직접 구현하기에 매우 복잡한 문제를 해결하는 데 매우 유용하게 사용되고 있어서 그 필요성이 점점 늘어나고 있다. 또한, 사람의 손으로 엄청난 양의 데이터를 다루기에는 매우 역부족인 것도 사실이다. 머신러닝의 도움을 받음으로써 시간과 비용을 모두 절약할 수 있다.

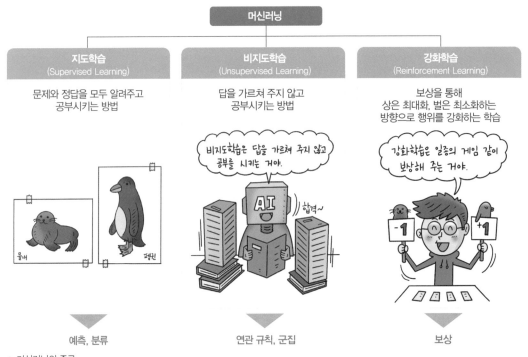

머신러닝의 중요성

- 데이터 생산이 빠르게 이루어진다.
- 인간에게 어려운 복잡한 문제 해결을 도와준다.
- 금융, 의료, 법률 등 다양한 분야의 의사결정을 도와준다.
- 숨겨진 패턴을 찾고 데이터에서 유용한 정보를 찾아준다.

머신러닝은 자율주행 자동차, 문자 인식, 음성 인식, 사이버 사기 감지, SNS에서 친구 추천, 쇼핑몰에서 제품 추천 등의 문제 해결에 매우 유용하게 활용되고 있다. 머신러닝의 알고리즘은 지도학습, 비지도학습, 강화학습 세 가지로 나눌 수 있다.

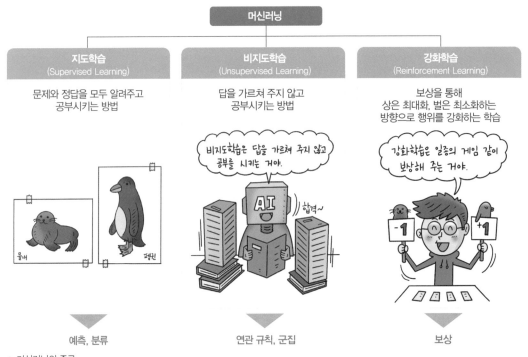

▲ 머신러닝의 종류

출처: https://www.mobiinside.co.kr/2020/03/12/ai-perceptron

지도학습은 입력 데이터에 레이블을 달아주어 컴퓨터가 그것을 그대로 학습하는 형태이다. 즉, 하나하나 정답을 가르쳐 주는 교사한테서 공부하는 것과 비슷하다.

지도학습 시스템은 레이블이 지정된 데이터를 사용하여 모델을 생성하며 각 데이터에 대해 학습을 한다. 학습과 처리가 완료되면 샘플 데이터를 제공하여 정확한 출력을 예측하는지를 확인하여 모델의 학습이 제대로 이루어졌는지를 테스트한다.

지도학습으로는 분류와 회귀 문제를 해결할 수 있다. 분류는 출력값이 어떤 클래스에 속하는지 확률값으로 알려준다. 예를 들면 라벨링된 이미지와 질병 진단 분류에 사용된다. 회귀는 연속적인 값을 가지며 각 변수 간의 관계에 따른 예측을 할 수 있다. 월별 아파트 가격 관계, 기간별 주가 관계, 공부 시간과 시험 성적 관계 등과 같은 문제 해결에 사용된다.

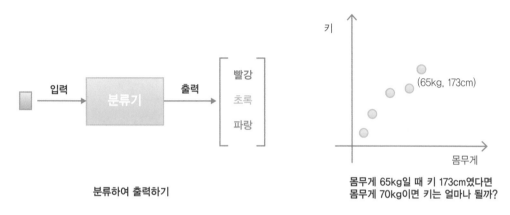

▲ 분류와 회귀

비지도학습은 입력 데이터에 레이블(정답)을 달아주는 것 없이 컴퓨터가 입력된 데이터 간의 패턴이나 특성을 발견해내는 학습 형태이다. 그러므로 출력되는 결과는 군집화된 형태로 나타난다. 주로 추천 시스템이나 스팸 필터링과 같은 문제 해결에 사용된다.

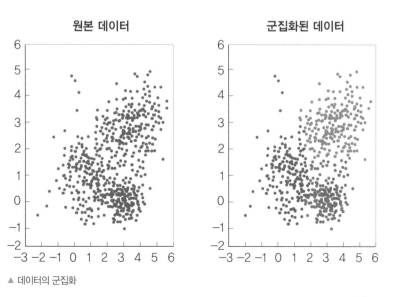

▲ 데이터의 군집화

강화학습은 입력값에 대한 레이블을 달아주지 않으며, 일련의 행동 결과에 대한 보상이 주어진다. 승리와 실패를 컴퓨터에 설명해 주어야 하며, 컴퓨터는 보상을 최대화하는 방향으로 학습을 진행한다. 알파고의 훈련에 사용된 알고리즘이 바로 강화학습이다. 팔의 움직임을 자동으로 학습한 로봇 개가 강화 학습의 예이다.

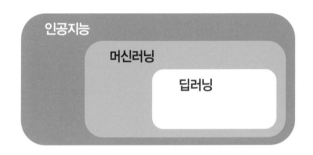

딥러닝(Deep Learning)은 인간의 뇌세포인 뉴런의 정보 처리 방법에서 영감을 받아 만든 인공 신경망 모델(ANN, Artificial Neural Networks)을 기반으로 한다. 머신러닝에 포함된 개념으로 머신러닝과 같은 방법으로 작동하지만, 기능과 접근 방식에서 차이가 있다.

머신러닝은 데이터에 해당하는 입력값과 출력값을 알려주면 입력과 출력 사이의 관계에 대해 스스로 학습을 하며, 판단을 위한 특징 추출은 사람이 제공하는 알고리즘 형식을 따른다. 그래서 알고리즘 개발자는 해당 분야에 대한 지식과 직관이 필요하며, 알고리즘을 만들기 위한 상당한 노력이 요구된다.

딥러닝은 머신러닝과 같이 스스로 학습한다는 점에서는 비슷하나 그 과정은 블랙박스로 감추어져 있으며, 출력값에 대한 정보는 학습시키지 않는다. 또한, 특징을 추출하는 것조차도 스스로 해결한다는 점에서 머신러닝과 차이가 있다.

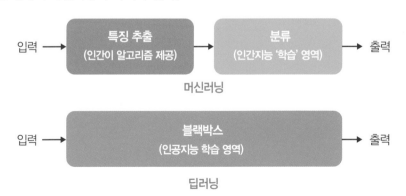

딥러닝은 인간의 뉴런을 닮은 각 노드로 연결되어 있으며, 이전 노드들로부터 데이터를 받아 처리하고 다음 노드로 전달한다. 각 노드는 입력값과 가중치 곱의 합과 해당 함수에 따른 결괏값을 출력한다. 딥러닝에서의 학습은 결괏값을 가장 잘 도출할 수 있도록 각 노드 간 링크에 부여된 최적의 가중치값을 찾는 과정이다.

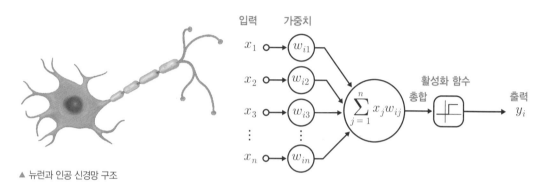

▲ 뉴런과 인공 신경망 구조

딥러닝의 신경망은 입력층(Input layer), 은닉층(Hidden layer), 출력층(Output layer)으로 구성되어 있으며, 입력 신호의 값을 계산하여 출력하기 위해 활성화 함수를 사용한다.

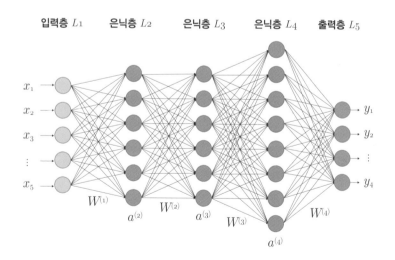

딥러닝은 이미지 인식, 음성 인식, 자연어 처리 등의 기술 개발에 적용되어 자율주행 자동차, 추천 시스템, 보안 등 다양한 문제 해결에 활용되고 있다.

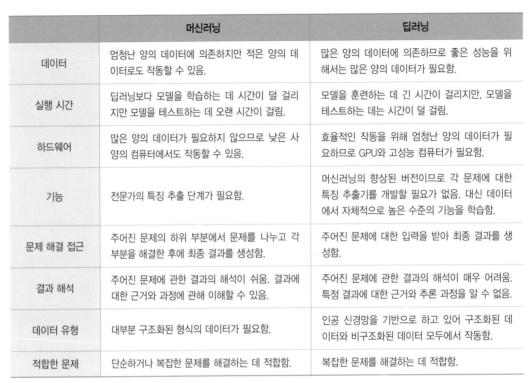

	머신러닝	딥러닝
데이터	엄청난 양의 데이터에 의존하지만 적은 양의 데이터로도 작동할 수 있음.	많은 양의 데이터에 의존하므로 좋은 성능을 위해서는 많은 양의 데이터가 필요함.
실행 시간	딥러닝보다 모델을 학습하는 데 시간이 덜 걸리지만 모델을 테스트하는 데 오랜 시간이 걸림.	모델을 훈련하는 데 긴 시간이 걸리지만, 모델을 테스트하는 데는 시간이 덜 걸림.
하드웨어	많은 양의 데이터가 필요하지 않으므로 낮은 사양의 컴퓨터에서도 작동할 수 있음.	효율적인 작동을 위해 엄청난 양의 데이터가 필요하므로 GPU와 고성능 컴퓨터가 필요함.
기능	전문가의 특징 추출 단계가 필요함.	머신러닝의 향상된 버전이므로 각 문제에 대한 특징 추출기를 개발할 필요가 없음. 대신 데이터에서 자체적으로 높은 수준의 기능을 학습함.
문제 해결 접근	주어진 문제의 하위 부분에서 문제를 나누고 각 부분을 해결한 후에 최종 결과를 생성함.	주어진 문제에 대한 입력을 받아 최종 결과를 생성함.
결과 해석	주어진 문제에 관한 결과의 해석이 쉬움. 결과에 대한 근거와 과정에 관해 이해할 수 있음.	주어진 문제에 관한 결과의 해석이 매우 어려움. 특정 결과에 대한 근거와 추론 과정을 알 수 없음.
데이터 유형	대부분 구조화된 형식의 데이터가 필요함.	인공 신경망을 기반으로 하고 있어 구조화된 데이터와 비구조화된 데이터 모두에서 작동함.
적합한 문제	단순하거나 복잡한 문제를 해결하는 데 적합함.	복잡한 문제를 해결하는 데 적합함.

▲ 머신러닝과 딥러닝 비교

5부

챗봇과 언어
말하는 인공지능

Dialogflow

챗봇 만들기

1 AI 사이트 소개

다이얼로그플로우

https://dialogflow.cloud.google.com

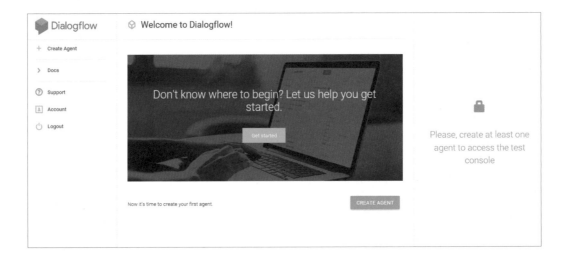

다이얼로그플로우는 구글이 개발한 챗봇 플랫폼이다. 코딩 방식을 지양하고 대화(Dialog)의 흐름(Flow)을 만들기만 하면 챗봇을 만들 수 있어 '다이얼로그플로우'라는 이름이 붙었다. 인공지능 코어 기술을 개발하지 않아도 구글에서 기본적으로 제공하고 있는 NLP(자연어 처리 기술: 사람이 하는 말을 인식하고 그것을 기계가 처리하도록 하는 기술)를 이용해서 다양한 서비스의 챗봇을 매우 빠르게 적용할 수 있다는 점에서 대단히 많이 사용되고 있다. 대화를 구성하는 기본 개념인 화자의 의도 Intent, 속성인 Entity, 문맥인 Context를 이해하는 것이 중요하여 이를 지원하도록 설계되어 있다.

시작 화면에서는 [Get started] 버튼을 누르지 않고 바로 왼쪽 메뉴에서 [Create Agent] 버튼을 눌러 실행한다.

② AI 플레이그라운드

다이얼로그플로우(Dialogflow)를 사용하기 위해서는 구글 계정으로 로그인해야 하며 첫 접속 시 나라 선택을 해주어야 한다.

Please review your account settings

Country or territory *

South Korea

Terms of Service *

✓ Yes, I have read and accept the agreement.

By proceeding and clicking the button below, you agree to adhere to the Terms of Service.

Additionally, you may have access to certain Firebase services. You agree that your use of Firebase services will adhere to the applicable Firebase Terms of Service. If you integrate any apps with Firebase on this project, by default, your Firebase Analytics data will enhance other Firebase features and Google products. You can control how your Firebase Analytics data is shared in your Firebase settings at anytime.

ACCEPT

Create Agent를 클릭하면 새로운 에이전트를 만들 수 있는데 이때, Agent란 프로젝트 이름이라고 생각하면 쉽다. 영어만 이름 입력이 가능하므로 우리는 일단 'First'라는 에이전트를 만들고 언어는 'Korean'으로 지정하여 [CREATE] 버튼을 클릭한다.

이제 왼쪽의 Intents를 클릭한다. 대화에서 가장 중요한 것은 맥락이며, Intent는 '의도'를 뜻한다. 왜 이 말을 하는지 맥락 속 의도를 파악해야 하므로 Intent에 해당하는 의도의 말들을 추가해 주면 된다. 이해를 위해 Welcome Intent를 클릭해 보자.

Default Welcome Intent는 '환영'의 의도를 담은 말, 즉 첫 인사말이 들어가 있는 것을 확인할 수 있다.

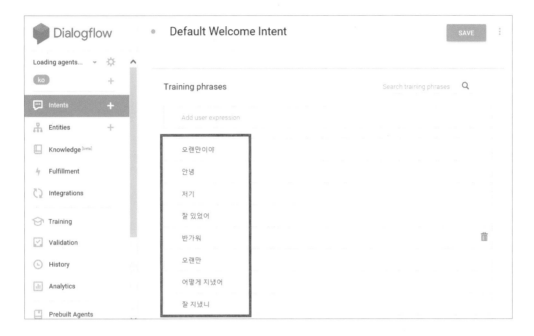

챗봇이 Training phrases에 있는 말을 들었을 때, Response에 있는 말을 한다는 것으로 이해하면 된다.

옆에 있는 창에 입력해 보면 챗봇이 제대로 작동하는지 연습해 볼 수 있다. Training phrases 에 있는 말 중 하나인 '안녕'이라고 치면 환영 의도를 가진 말이구나 인식하고 Response에 있는 응답 중 하나인 '안녕하세요'를 응답하는 것을 확인할 수 있다.

만약 Training phrases에 없는 '안녕하세요'를 입력하면 어떠한 반응을 보일까? 의도를 파악 할 수 없어서 "제가 제대로 이해하지 못한 것 같아요. 죄송해요."라는 말이 나오는 것을 확인할 수 있다.

이때 Training phrases의 'Add your expression'에 '안녕하세요'를 쓰고 [SAVE] 버튼을 클릭하여 저장해 주면 이제 "안녕하세요"라는 말도 환영의 의도를 띄는 말임을 이해하고 적절한 반응을 보이는 것을 확인할 수 있다.

다시 Intents 항목의 Default Fallback Intent를 클릭하면 대화의 의도를 파악하지 못했을 때 할 수 있는 응답들이 등록된 것을 확인할 수 있다.

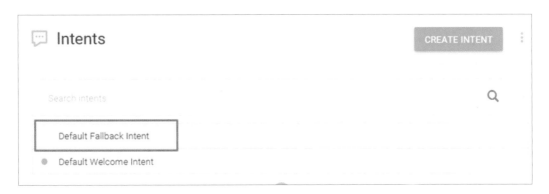

그럼 우리도 간단한 챗봇을 만들어 보자. 병원 진료 예약 관련 챗봇을 만들기 위해 Intents에 'reservation'을 입력하고 저장한다. 병원 진료를 예약하고자 하는 의도를 가질 때 할 수 있는 말들을 Training phrases에 넣는다.

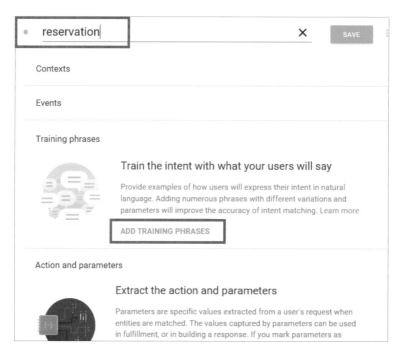

[ADD TRAINING PHRASES] 버튼을 클릭하여 다음과 같이 진료 예약의 의도를 담은 말들을 추가해준다.

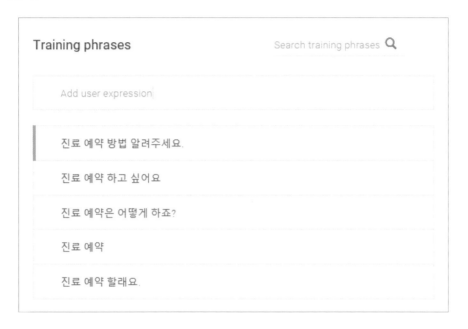

앞의 말을 들었을 때 챗봇이 응답할 말들도 Responses에 적어 준다.

Responses

DEFAULT **+**

Text Response

1   어느 과 진료를 희망하세요?

2   원하는 과가 있으신가요?

3   Enter a text response variant

ADD RESPONSES

◯ Set this intent as end of conversation

챗봇이 진료 예약과 관련한 말에 잘 반응하는지 보기 위해 오른쪽 창에 '진료 예약'이라고 입력하면, "어느 과 진료를 희망하세요?"라고 답하는 것을 확인할 수 있다.

연속적인 질의응답을 하는 연계형 챗봇을 만들어 보자. 이제 다음 대화로는 '어느 진료과를 희망하는지', '몇 시에 진료를 희망하는지' 등 추가적인 질문이 이어져야 제대로 된 대화라고 할 수 있을 것이다. 다시 Intents로 돌아와서 reservation 옆에 [Add follow-up intent] 버튼을 클릭하여 진료 예약에서 파생되어 나올 수 있는 대화의 Intent를 추가해 줄 것이다. 그다음에는 custom을 클릭한다.

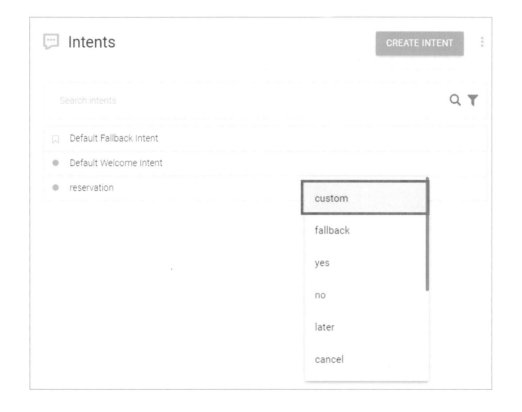

그리고 나서 생성된 Intent를 클릭하면 지금 생성한 Intent가 어떤 맥락에서 진행되는지 확인할 수 있다. 즉, reservation Intent에서 이어지는 대화라는 것을 이해할 수 있다.

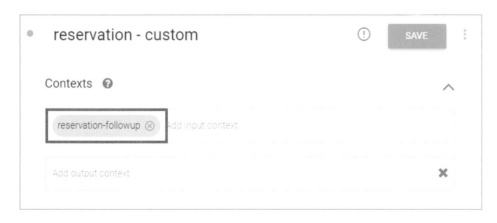

Training phrases에 사용자가 응답하리라고 예상되는 말들을 추가해 준다.

이제 엔티티(사용자의 발화 문장에서 추출할 수 있는 의미 있는 단어)를 만들어 줄 것이다. 왼쪽에 Entities를 클릭하면 지금까지 한 내용을 저장하라는 창이 뜨는데 [확인]을 눌러 준다.

병원 진료 예약을 위해 어느 진료과를 희망하냐고 질문하였으므로 사용자의 대답에는 원하는 진료과가 언급될 것이다. 따라서 왼쪽의 Entities를 클릭하고 부서란 뜻의 'department'

엔티티를 추가하여 준다.

외과 외에 사용자가 응답 가능한 진료 부서들을 모두 'department' 엔티티에 입력해 주고 [SAVE] 버튼을 클릭한다.

다시 Intents로 돌아와서 reservation-custom을 클릭한다.

진료과를 응답할 때 아까까지는 인식하지 못했던 '진료 부서'를 의미 있는 Entity로 인식하여 진료과와 관련한 대화가 이루어지고 있다고 챗봇이 인식하는 것을 확인할 수 있다.

이제 원하는 진료과를 응답했으면 언제 예약을 희망하는지 물어봐야 할 것이다. **Responses**에 사용자의 응답을 활용하여 적절한 반응을 보이고 싶다면 '**$Entity이름**'을 클릭하면 사용자의 응답을 바로 가져와서 대답할 수 있다.

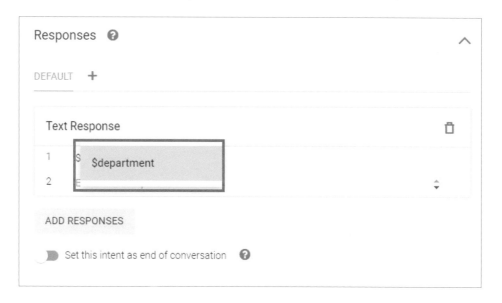

'$department'를 활용하여 "언제 ~과 진료를 받고 싶으신가요?", "~진료 예약을 도와드릴게요." 등 적절한 응답을 입력해 준다.

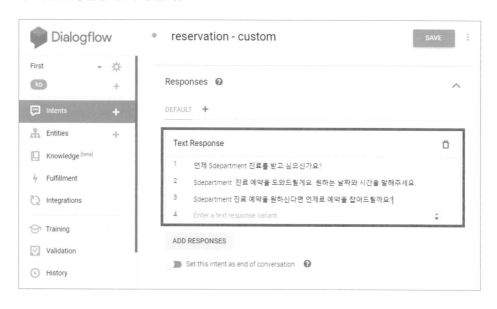

이제 진료 예약 시간과 관련한 연계 Intent가 또 필요하므로 연계된 Intent를 하나 더 만들어준다.

Training phrases에 사용자가 응답하리라고 예상되는 시간을 적어 준다.

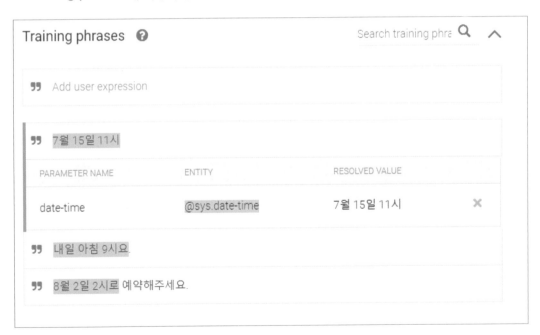

Responses에는 진료 예약이 완료되었다는 응답을 넣어 준다. 이때 #~~'.Entity 이름'을 활

용하여 이전 Intent에서 사용된 Entity를 가져올 수 있다.

이제 챗봇이 제대로 작동하는지 확인하기 위해 왼쪽의 Integrations를 클릭하고 [Web Demo] 버튼을 클릭한다.

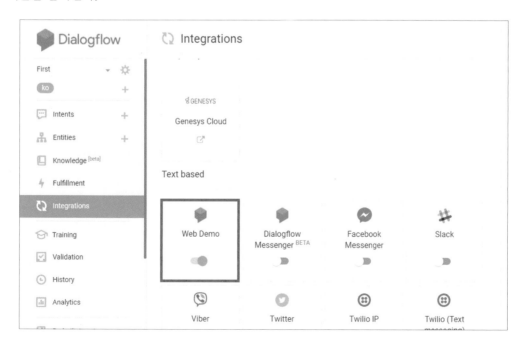

Web Demo 창의 주소를 클릭한다.

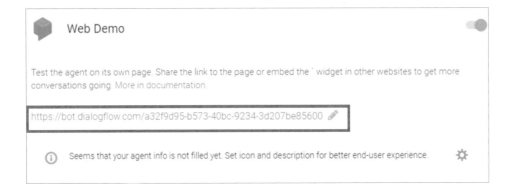

대화 창에 진료 예약과 관련한 문장을 입력하면 우리가 만든 'First'라는 이름의 챗봇이 제대로 작동하는 것을 확인할 수 있다.

3 AI와 놀아 보기

 놀이 영어로 대화하는 챗봇 만들기

다이얼로그플로우 프로그램을 활용하여 영어 대화 챗봇을 만들어 보자.

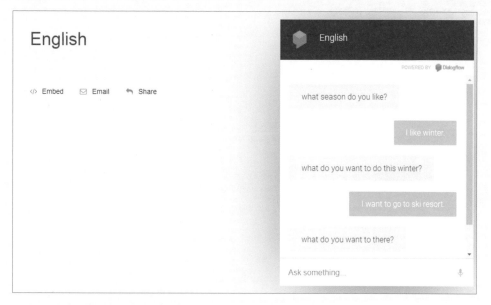

❶ 영어로 대화하고 싶은 주제를 떠올린다.

❷ 주제에 어울리는 대화를 다이얼로그플로우 프로그램의 Intents에 입력한다. 추가로 연계되는 대화는
   Add follow-up intent를 활용하여 추가한다.

❸ Entities에 대화에 사용될 수 있는 범주의 단어들을 따로 학습시킨다.

❹ Integrations의 Web Demo를 활용하여 챗봇이 대화의 의미를 파악하고 대화를 이어가는지 확인한다.

CLOVA Dubbing

음성 생성

① AI 사이트 소개

클로바 더빙

https://clovadubbing.naver.com

클로바 더빙은 Text to Speech 기술을 활용하여 텍스트 입력을 통해 합성음을 생성하고 동영상에 더빙할 수 있는 서비스를 제공하는 네이버가 만든 사이트이다. 원하는 AI 보이스를 선택하고 내용을 입력하면 더빙 음성이 생성된다. 보이스는 성인과 아이, 남성과 여성, 기쁨과 슬픔 등 다양한 개성을 가진 21종의 보이스 중 선택할 수 있으며, 이 외에도 AI 보이스의 속도, 볼륨 조절이 가능하고 웃음소리, 동물 소리 등 다양한 효과음을 넣을 수 있어 편리하게 콘텐츠 제작을 할 수 있다. 개인 사용자는 해당 사이트에서 무료로 이용할 수 있고, 기업 또는 단체는 제휴, 제안을 통해 이용하면 된다. 동영상 제작 시 사람이 직접 목소리를 녹음하고 후속 작업을 해야 하는 번거로움을 줄여 주었다는 것이 이 사이트의 가장 큰 장점이다.

② AI 플레이그라운드

네이버 계정으로 로그인이 필요하며 처음 사용하고자 할 때는 클로바 더빙 이용 동의를 해야 한다. 첫 화면에서는 새 프로젝트 시작하기와 함께 클로바 더빙을 활용한 사례의 영상을 확인할 수 있다.

[새 프로젝트 시작하기] 버튼을 클릭하고 [시작] 버튼을 눌러 프로젝트를 만든다.

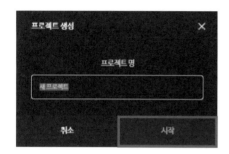

동영상 재생 화면에서 [동영상 추가] 버튼을 클릭하여 추가하고자 하는 동영상 파일을 클릭한다. 최대 500MB, 20분 길이의 영상 추가가 가능하며 MP4, MOV 형식의 파일이어야 한다. 저작권 침해 여부를 확인하는 안내 문구가 나온다.

영상을 올리고 난 후 동영상 재생 화면에 마우스를 올리면 동영상 변경이나 동영상 삭제를 할 수 있다. 동영상에 삽입된 배경음을 ON 모드로 해 놓으면 사용할 수 있고, OFF 모드로 하면 삭제할 수 있다.

이제 더빙 추가에서 [전체보기] 버튼을 클릭하면 클로바 더빙에서 제공하는 기본 21종의 보이스 중 원하는 보이스를 선택할 수 있다.

MY 보이스 탭에서 [보이스 만들기] 버튼을 클릭하면 클로바 더빙에서 제공하는 기본 보이스 중에서 속도 및 볼륨을 조정하여 MY 보이스를 만들 수 있다.

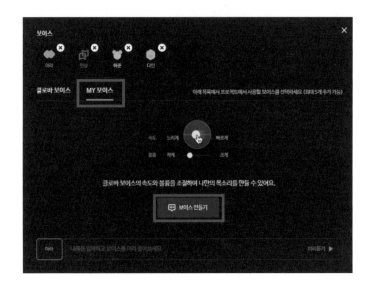

기본 아라 보이스에서 속도를 조금 빠르게, 볼륨을 조금 크게 변경한 보이스를 **내 목소리**라고 만든 다음 [**추가**] 버튼을 클릭한다.

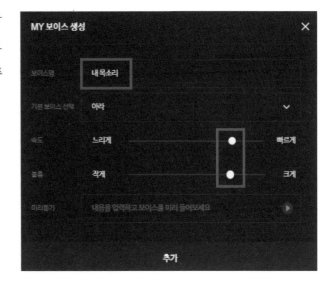

내 목소리 상단에 체크 표시를 해 주면 기존에 추가되어 있던 4개의 목소리 옆에 내 목소리가 추가된 것을 확인할 수 있다. 총 5개의 보이스를 선택할 수 있다.

이제 **내 목소리**를 선택한 상태에서 문장을 입력한 후 **[더빙 추가]** 버튼을 클릭한다. 더빙 입력 문장에 숫자를 쓸 때 한글로, 문장 부호를 사용하면 더 정확한 더빙이 가능하다.

화면 아래 편집 창에 해당 문장이 삽입된 것을 확인할 수 있다.

효과음이 삽입된 것을 화면 아래에서 확인할 수 있다. 보이스, 효과음의 삽입 위치를 조정하고 싶다면 타임라인에서 원하는 부분을 선택한 다음 더빙을 추가하면 된다.

이제 다음 문장 더빙을 추가한다.

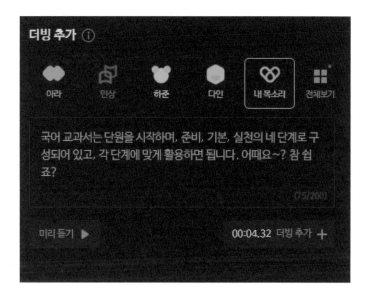

더빙을 완료하고 나면 오른쪽 화면 아래에 있는 **[프로젝트 저장]** 버튼을 클릭하여 프로젝트를 저장할 수 있다. 음원 파일이나 영상 파일로 다운로드하고 싶은 경우, 옆의 **[다운로드]** 버튼을 클릭하면 된다.

클로바 더빙은 기업이나 단체 사용을 위해서는 제휴 제안 신청 단계를 거쳐야 하므로 참고한다.

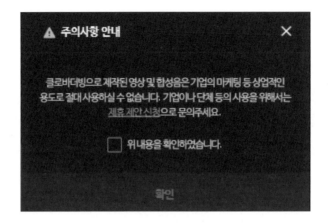

다운로드는 다음과 같이 음원 파일, 영상 파일을 개별로 저장하거나 음원 파일만, 영상 파일만 저장할 수 있다. 우리는 영상 파일 저장을 위해 세 번째 **[영상 파일]** 버튼을 클릭하고 다운로드하면, 더빙이 완료된 영상 파일을 확인할 수 있다.

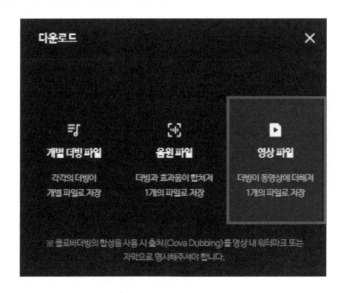

AI와 놀아 보기

 놀이 **영상 더빙 어렵지 않아요!**

내가 찍은 동영상에 클로바 더빙 프로그램을 활용하여 목소리를 넣어 보자.

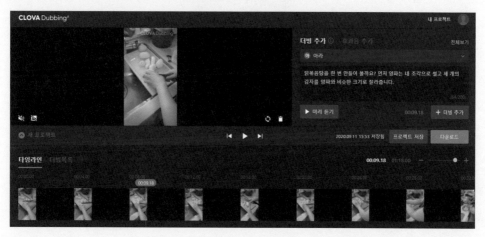

❶ 내가 소개하고 싶은 것을 정해 자유롭게 영상을 찍는다(사진 자료는 요리 과정을 찍은 영상이다).

❷ 클로바 더빙 프로그램을 실행한다.

❸ 영상을 업로드한 후 더빙 추가 부분의 더빙하고 싶은 목소리를 선택하고, 영상에 어울리는 텍스트를 입력한다.

❹ [더빙 추가] 버튼을 클릭한 후 영상에 더빙이 잘 되었는지 확인한다.

❺ 추가로 효과음을 넣을 수도 있으며 필요한 부분마다 다른 사람의 목소리로 더빙할 수도 있다.

❻ 더빙 작업이 완료되면 [프로젝트 저장] 버튼과 함께 [다운로드] 버튼을 클릭하여 결과물을 확인한다.

5부 챗봇과 언어

자연어 처리(Natural Language Process, NLP)는 컴퓨터과학, 인공지능, 인간의 언어를 토대로 기계가 인간의 언어를 이해하고 분석, 조작 및 해석하는 데 사용되는 기술이다. 컴퓨터가 인간 언어의 모든 것을 프로그래밍으로 학습해야 하므로 매우 어려운 일이며 복잡하다.

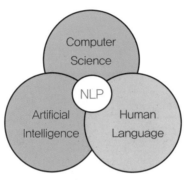

▲ 자연어 처리의 기초 학문

자연이 치리는 1948년 런던의 버크벡 칼리지(Birkbeck College)에서 인식 가능한 최초의 NLP 애플리케이션이 도입되면서 시작되었다. 최초의 음성 인식 시스템은 1952년 벨 연구소(Bell Labs)에서 오드리(Audrey)가 개발한 1부터 10까지의 숫자를 인식하는 시스템이었다.

자연어 처리의 장점과 단점은 다음과 같다.

자연어 처리의 장점

- 사용자가 모든 주제에 대해 질문하고 몇 초 내에 직접 응답받을 수 있도록 도와준다.
- 질문에 대한 정확한 답변을 제공하므로 불필요하고 원치 않는 정보를 제공하지 않는다.
- 컴퓨터가 자신의 언어로 인간과 통신할 수 있도록 도와준다.
- 시간을 매우 효율적으로 사용할 수 있다.
- 대부분의 회사가 자연어 처리를 사용하므로 문서화 프로세스의 효율성, 문서화의 정확성을 개선하고 대규모 데이터베이스에서 정보를 식별한다.

자연어 처리의 단점

- 예측할 수 없다.
- 더 많은 키 입력이 필요할 수도 있다.
- 새로운 도메인에 적응할 수 없으며 제한된 기능을 가지고 있어서 단일 및 특정 작업을 위해서만 구축된다.

자연어 처리에는 자연어 이해(Natural Language Understanding, NLU)와 자연어 생성(Natural Language Generation, NLG) 두 가지 구성 요소가 있다.

자연어 이해(NLU)는 개념, 엔티티, 키워드, 감정, 관계 및 의미적 역할과 같은 콘텐츠에서 메타 데이터를 추출해 기계가 인간의 언어를 이해하고 분석하는 데 도움을 준다. 주로 비즈니스 응용 프로그램에서 고객의 문제를 음성 및 서면 언어로 이해하는 데 사용된다. 주어진 입력을 유용한 표현으로 매핑하고, 언어의 다양한 측면을 분석한다.

자연어 생성(NLG)은 컴퓨터화된 데이터를 자연어 표현으로 변환하는 번역기 역할을 한다. 주로 텍스트와 문장을 구현한다.

자연어 이해와 자연어 생성의 차이점은 다음과 같다.

자연어 이해(NLU)	자연어 생성(NLG)
언어를 읽고 해석하는 과정이다.	언어를 작성하거나 생성하는 과정이다.
자연어 입력에서 비언어적 출력을 생성한다.	비언어적 입력에서 자연어 출력을 생성한다.

▲ 자연어 이해와 자연어 생성의 차이점

자연어 처리의 응용 프로그램에는 다음과 같은 것들이 있다.

❶ 질문 답변

질문 답변은 인간이 묻는 질문에 자연어로 자동으로 답변하는 시스템 구축에 중점을 둔다.

▲ 출처: https://www.javatpoint.com/nlp

❷ 스팸 감지

스팸 감지는 사용자의 '받은 편지함'으로 들어오는 원치 않는 메일을 감지하는 데 사용된다.

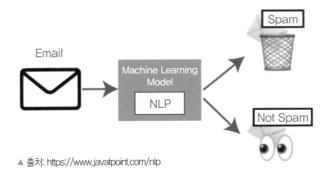

▲ 출처: https://www.javatpoint.com/nlp

❸ 감정 분석

감정 분석(Sentiment Analysis)은 오피니언 마이닝(Opinion Mining)이라고도 한다. 웹에서 보낸 사람의 태도, 행동 및 감정 상태를 분석하는 데 사용된다. 이 응용 프로그램은 텍스트에 값(긍정적, 부정적, 자연적)을 할당하고 문장의 분위기(행복, 슬픔, 분노 등)를 식별해 자연어 처리와 통계의 조합을 통해 구현된다.

▲ 출처: https://www.javatpoint.com/nlp

❹ 기계 번역

기계 번역은 한 자연어에서 다른 자연어로 텍스트 또는 음성을 번역하는 데 사용된다.

❺ 맞춤법 수정

문서를 작성할 때 맞춤법이나 띄어쓰기가 잘못되면 수정할 수 있도록 한다.

❻ 음성 인식(Speech Recognition)

음성 인식은 말을 텍스트로 변환하는 데 사용되며, STT((Speech-to-Text)라고도 한다. 모바일, 홈 자동화, 비디오 복구, 음성 생체 인식, 음성 사용자 인터페이스 등과 같은 응용 프로그램에 사용된다.

❼ 챗봇

챗봇을 구현하는 것은 자연어 처리의 중요한 응용 프로그램 중 하나이다. 많은 회사에서 고객의 채팅 서비스를 제공하기 위해 사용하고 있다.

자연어 처리 과정은 5단계로 나눠 볼 수 있다.

▲ 자연어 처리의 단계

형태소 분석은 소스 코드를 문자 스트림으로 스캔하여 의미 있는 어휘로 변환한다. 전체 텍스트를 단락, 문장, 단어로 나눈다.

구문 분석은 '파싱'이라고도 하며 문법, 단어 배열을 확인하고 단어 간의 관계를 보여준다. 아래 그림은 꼬꼬마 세종 말뭉치 활용 프로그램으로 구분 분석을 해본 문장의 예시이다.

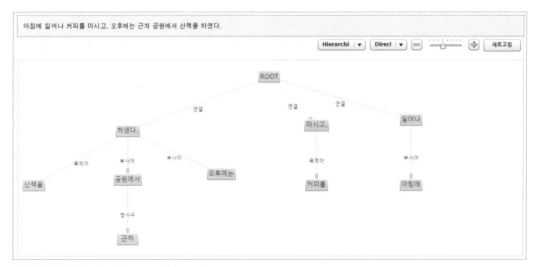

▲ 꼬꼬마 세종 말뭉치 http://kkma.snu.ac.kr/concordancer

의미 분석은 의미 표현과 관련 있는데 단어, 구, 문장의 의미에 중점을 둔다.

담화 통합은 분석하는 문장에 의존하여 그 뒤에 오는 문장의 의미를 불러온다. 즉, 각 문장의 의미는 앞선 문장에 의해 영향을 받고 다음 문장에 영향을 미친다. 전체적인 이야기는 긴밀한 연관 관계가 있어야 한다.

구글은 2019년 10월 검색 서비스에 문장의 의미를 이해하는 인공지능 기술을 도입하였다. 인터넷에 있는 대량의 데이터를 이용해 인공지능이 자연어를 학습하게 하고, 기존의 단어와 단어의 일대일 처리 방식이 아닌 한 문장을 처리하는 새로운 Bert 모델을 사용하여 전체 맥락을 고려할 수 있는 기술이다. 이 기술은 질문의 의도를 이해하게 하는 데 매우 유용하다.

이러한 자연어 처리에 기반을 둔 인공지능 서비스는 기하급수적으로 성장할 것이다. 언어로 표현되는 지식을 추출하고 가공하는 데 자연어 처리는 핵심이 되기 때문이다.

6부

인공지능과 윤리
예절 바른 인공지능

Code.org Oceans 🔍

AI의 편향

1 AI 사이트 소개

AI for Oceans

https://code.org/oceans

Code.org는 초등학생이나 미취학 아동을 위한 소프트웨어 교육 콘텐츠가 많은 사이트이다. 최근 인공지능 교육에 관한 콘텐츠를 추가하여 서비스하고 있는데, Oceans 콘텐츠는 머신러닝 (machine learning)을 초등학생 수준으로 풀어 실습할 수 있는 콘텐츠와 동영상을 제공하고 있다.

AI에게 해양 생물을 학습시키는 활동을 통해 머신러닝의 원리, 데이터 편향의 문제, 인공지능이 사회에 미치는 영향 등을 시뮬레이션으로 이해할 수 있다.

2 AI 플레이그라운드

• 학습 시작

사이트 첫 화면의 [지금 해보기] 버튼을 클릭한다. 활동은 총 8단계로 구성된다.

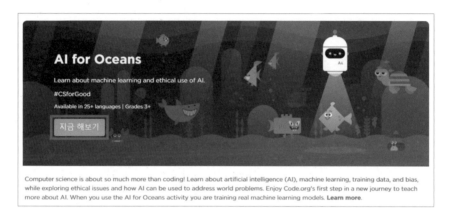

• 1단계

'머신러닝이란 무엇일까요?' 동영상을 시청한다. 한국어 자막이 제공되며, 왼쪽 아래의 동영상 다운로드를 클릭하면 시청할 수도 있다. 시청 후 오른쪽 아래의 [계속하기] 버튼을 클릭한다.

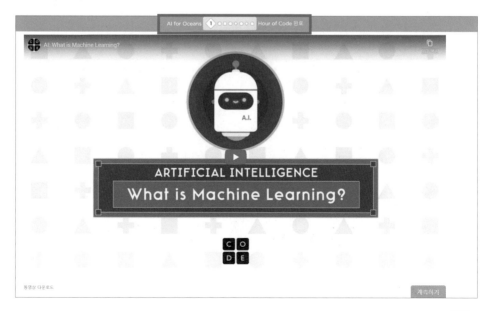

AI가 물고기나 쓰레기를 구분하도록 프로그래밍하고 학습시키겠다는 안내가 나온다.

AI가 이미지를 처리하여 패턴을 구분할 수 있다.

이미지에 '물고기' 혹은 '물고기 아님'이라는 라벨을 달아 AI가 패턴을 인식할 수 있게 해준다.

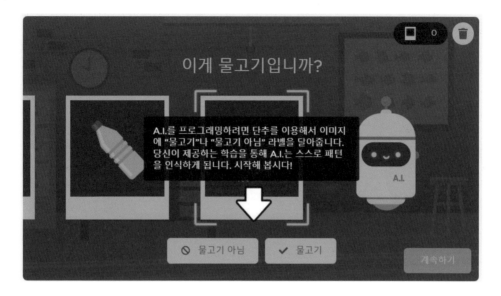

다음과 같은 이미지를 보고 물고기인지 아닌지 라벨을 달아준다.

활동하다 보면 다음 그림과 같이 해양 오염과 관련한 다양한 지식을 알려준다.

잘못된 선택을 하면 AI도 실수를 반복하게 된다.

30개 정도 학습시키면, 데이터를 더 많이 학습시킬수록 더 정확한 결과가 나온다는 안내 문구가
나온다.

[계속하기] 버튼을 누르면 학습한 내용에 따라 AI가 물고기의 생김새를 알고 정확하게 구별해
낼 수 있는지 확인해 볼 수 있다.

물고기를 잘 구별하기도 하지만, '타이어'와 같이 학습 데이터에 없었던 것을 구별해야 할 때 물고기로 혼동하는 것을 확인할 수 있다.

분류를 진행하다가 [계속하기] 버튼을 누르면 지금까지 AI가 물고기로 구분한 결과를 한눈에 확인할 수 있다. 오른쪽 아래의 초록 버튼을 클릭하면 '물고기', '물고기 아님' 항목별 구분 결과를 확인할 수 있고 결과가 정확하지 않아 학습을 더 하고 싶다면 왼쪽 아래의 [학습 더하기] 버튼을, 다음 단계로 진행하기를 희망하면 오른쪽 아래의 [계속하기] 버튼을 클릭한다.

• 3단계

지금까지 학습시킨 AI가 실제 바다에 있어야 할 것들을 구분하는 데 사용되면 어떠한 결과가 나올지 생각해 본다.

앞서 학습한 AI는 '이것은 물고기입니까?'라는 질문에 해파리, 불가사리, 문어와 같은 해양 생물을 '물고기가 아니다'라고 답하고 분류할 것이다. AI는 우리가 가르친 것만 학습하기 때문에 물고기 외에 바다에 살 수 있는 해양 생물을 추가로 학습시키는 것이 필요하다.

- 4단계

이제 '이게 물고기입니까?'라는 질문에서 한 단계 더 나아가 AI에게 '바닷속에 있는 게 맞습니까?'라는 질문에 데이터를 추가로 학습시킨다. 이렇게 하면 물고기 외에 다른 해양 생물들도 분류할 수 있게 된다.

물고기는 아니지만, 거북이는 해양 생물이 맞으므로 '예'를 클릭한다.

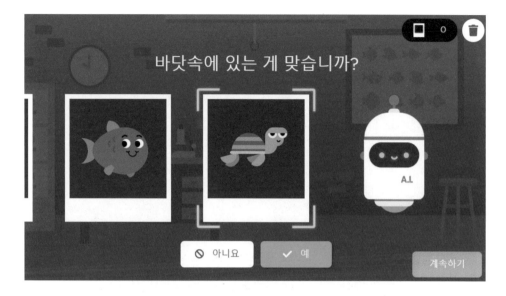

어느 정도 학습이 되었다는 판단이 들면 [**계속하기**] 버튼을 클릭한다.

6부 · 인공지능과 윤리

2단계에서 더 나아가 이제 해양 생물도 구별해 내는 것을 확인할 수 있다. 데이터 학습은 100개 이상을 하면 정확도가 높아진다.

・5단계

데이터 편향과 관련한 동영상을 시청한다. 우리가 AI를 학습시킬 때에 반드시 기억해야 하는 것은 주어진 데이터가 AI를 정확하게 학습시키기에 충분한 데이터인지, 편향됨 없이 모든 가능한 시나리오와 사용자를 대변하는 데이터인지 판단해야 한다.

녹색, 파란색, 빨간색, 직사각형, 삼각형, 원형 등과 같은 다양한 패턴의 물고기를 학습시킨다.

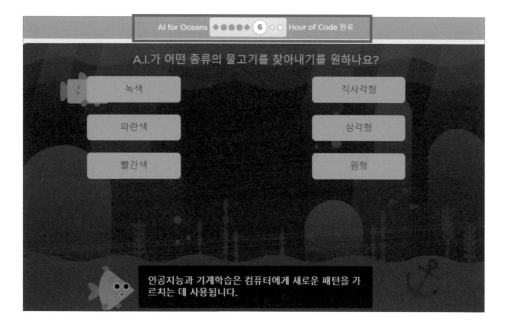

만약 빨간색을 클릭했다면 "이게 물고기 빨간색이 맞습니까?"라는 질문과 함께 데이터를 학습하기 시작한다.

최소 30개 이상, 정확한 결괏값을 위해서는 100개 이상의 데이터 학습이 끝나면 오른쪽 아래의
[계속하기] 버튼을 클릭한다.

AI가 학습한 대로 빨간색 물고기를 잘 구분하는지 확인해 본다.

화면 오른쪽 위의 [ⓘ] 버튼을 클릭하면 AI가 분류할 때 가장 중요하게 판단한 부분을 확인할 수 있다.

• 7단계

AI가 사회에 미치는 영향에 관한 동영상을 시청한다.

• 8단계

이제 '무섭다, 행복하다, 재미있다'와 같은 주관적 판단이 들어가는 데이터를 AI에게 학습시킨다.

'무섭다'라는 단어를 학습시켜 보자.

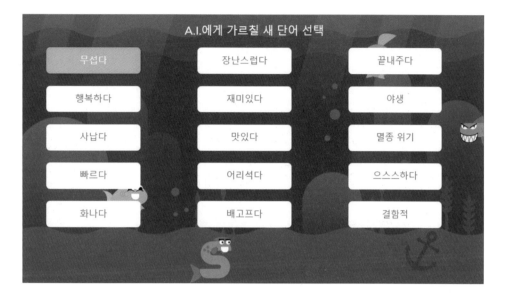

'무섭다'라는 기준은 개인의 판단이 들어가므로 이 학습 결과가 공정하고 중립적일 수 있는지, 의도하지 않은 문제 상황은 무엇이 있을지 생각해 보게 한다.

100개 정도 데이터 학습을 완료하면 오른쪽 아래의 **[계속하기]** 버튼을 클릭한다.

AI가 학습한 데이터를 바탕으로 무서운 물고기를 분류하기 시작한다. AI의 데이터 분류 결과를 확인하고 싶다면 오른쪽 아래의 **[계속하기]** 버튼을 클릭하면 AI가 지금까지 분류한 결과를 한눈에 살펴볼 수 있다.

학습을 더 하고 싶다면 왼쪽 아래의 **[학습 더 하기]** 버튼을 클릭한다. 새로운 단어를 더 학습시키고 싶다면 오른쪽 아래의 **[새 단어]** 버튼을 클릭한다. 학습을 완료하고자 한다면 오른쪽 아래의 **[마침]** 버튼을 클릭한다.

• 학습 완료

인공지능 및 머신러닝 학습의 8단계 과정을 모두 마치면 수료증을 발급받을 수 있다. 수료증 발급 외에도 CS 기초 학습, 코딩 강의 듣기, 회원 가입 등을 할 수 있다.

③ AI와 놀아 보기

🔗 놀이 | 인공지능의 판단 기준은 무엇일까?

8단계 단어들을 보고 어떠한 기준으로 분류, 학습시켰는지 친구들과 생각을 나누어 보자.

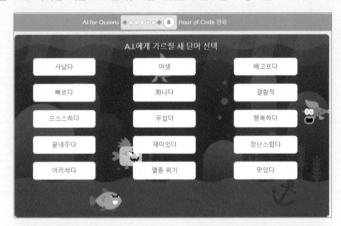

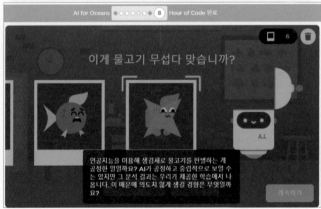

❶ code.org/oceans 8단계에서 학습시켜야 하는 다양한 단어를 살펴 본다.

❷ 한 단어를 선택해 AI를 학습시킨다.

❸ 다양한 모양의 물고기 중 어떠한 물고기들을 해당 단어로 분류하여 학습시켰는지 그 기준을 친구에게
설명한다.

❹ 다른 친구는 어떠한 기준으로 분류했는지 생각을 나누어 본 후 AI의 학습 기준은 사람의 판단임을 확인
하도록 한다.

Moral Machine

자율주행 자동차의 딜레마

1 AI 사이트 소개

모랄 머신

https://www.moralmachine.net/hl/kr

모럴 머신에 오신 것을 환영합니다! 무인 자동차와 같은 인공 지능의 윤리적 결정에 대한 사회적 인식을 수집하기위한 플랫폼 입니다.

무인 자동차는 두 명의 탑승자 또는 다섯 명의 보행자를 희생해야 하는 것과 같이 두 가지의 윤리적 선택을해야합니다. 귀하는 외부 관찰자로서 받아 들일 수 있는 결과를 판단해야 됩니다. 그런 다음 귀하의 응답이 다른 응시자들의 응답과 어떻게 비교되는지 볼 수 있습니다.

찾아보기에서 다른 응시자들과 공유 및 토론 할 수 있도록 귀하의 특유한 시나리오를 디자인 할 수도 있습니다.

시작하기

찾아보기

설명 보기

모랄 머신 사이트의 개요를 클릭해 보면 이 사이트의 목적을 윤리적 딜레마에 직면한 인공지능의 결정에 대한 사람들의 의견을 수집하고, 일어날 수 있는 문제점들의 시나리오를 만들고 토론할 수 있는 플랫폼을 제공하는 것이라고 나와 있다. 모랄 머신은 MIT에서 이야드 라완(Iyad Rahwan)의 Scalable Cooperation 그룹이 개발한 온라인 플랫폼으로 무인 자동차와 같은 인공지능의 윤리적 결정에 대한 사회적 인식을 수집하기 위한 플랫폼이다. 자동차를 주행할 때 발생하는 도덕적 딜레마를 생성하고 사람들이 두 가지의 극단적인 상황에서 내리는 결정에 대한 정보를 수집한다.

② AI 플레이그라운드

사이트 첫 화면의 오른쪽 위를 보면 **홈, 평가, 클래식, 디자인, 찾아보기, 개요, 피드백** 항목이 있으며 가장 끝부분의 파란색을 클릭하면 언어를 설정할 수 있다.

평가를 클릭하면 홈에서 주어진 세 가지 선택 옵션 중 **시작하기**를 클릭한 것과 똑같은 화면 즉, 시나리오 선택하기 화면이 나타난다. **클래식**은 이 사이트에서 활용하고자 한 가장 고전적인 트롤리 딜레마의 세 가지 상황이 주어지고, 선택할 수 있다.

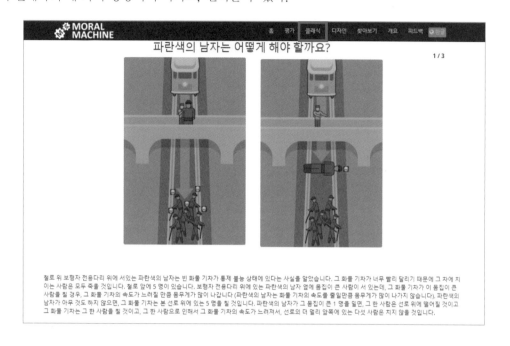

디자인을 클릭하면 무인 자동차가 마주할 수 있는 시나리오를 직접 만들 수 있다.

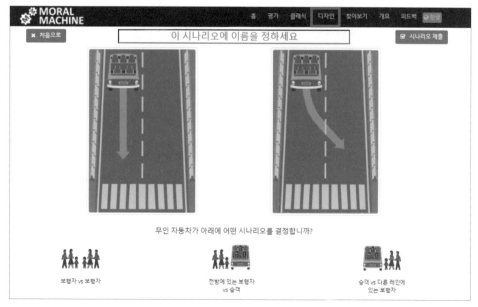

찾아보기를 클릭하면 앞서 **디자인**에서 다른 사람들이 만든 여러 시나리오를 찾아볼 수 있다. 개요는 사이트 설명, 피드백은 사이트에 제안하고 싶은 사항을 적을 수 있다.

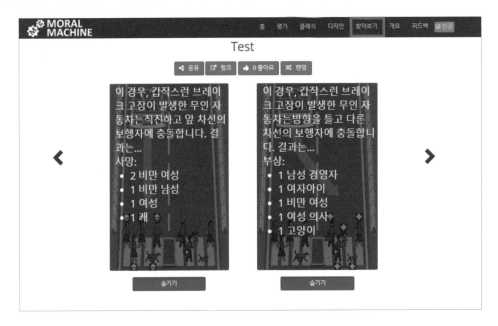

이제 다시 **홈**으로 돌아와서 **[시작하기]** 버튼을 클릭해 보자.

[**시작하기**] 버튼을 클릭하면 운전자가 없는 무인 자동차와 두 개의 차선이 등장한다. 무조건 피해가 발생할 수밖에 없는 두 가지 상황 중 무인 자동차의 진행 방향과 그로 인해 사망하게 될 사람들 머리 위로는 해골 그림이 그려져 있다. 사람들에 대한 자세한 설명을 보기 위해서는 [**요약 보기**] 버튼을 클릭한다.

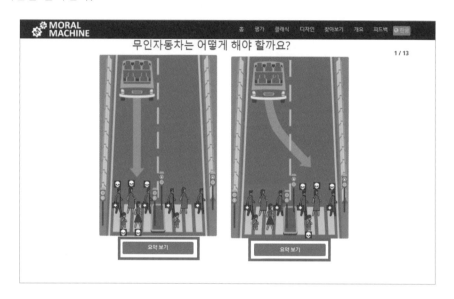

무인 자동차가 왼쪽 상황처럼 직진할 경우 사망하게 되는 사람은 남성 의사 2명, 산모 1명, 여자아이 1명, 여성 1명이며, 오른쪽 상황처럼 왼쪽으로 방향을 전환하면 남성 의사 2명, 산모 1명, 여자아이 1명이 사망하게 된다.

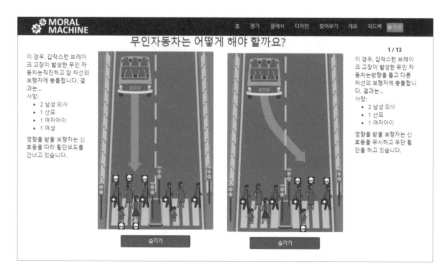

오른쪽 상황으로 선택하고자 마우스를 가져가면 사각형 주변이 빨갛게 변한다.

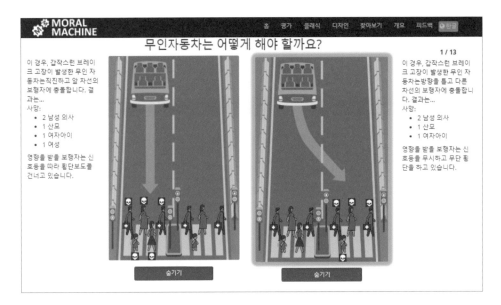

주어지는 상황은 총 13가지이며, 상황마다 길을 건너는 사람(여자, 남자, 어린아이, 노인 등)이 랜덤으로 나타나며, 때에 따라 교통법규 위반과 같은 상황도 고려해야 한다.

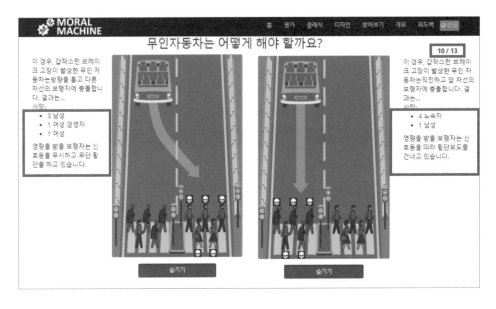

총 13개의 선택을 완료하면 응답한 데이터를 연구에 활용해도 되는지 동의 여부를 물어본다. '예'를 클릭하면 개인정보 수집과 사회적 가치관 선호도, 개입에 대한 회피 선호도, 법규 준수 여부의 선호도, 희생자 숫자의 중요도, 연령 선호도, 승객 보호 선호도, 체력 선호도, 성별 선호도, 종에 관한 선호도 등 응답자의 의견을 알아보는 질문들이 나타난다.

'아니요'를 클릭하면 내가 응답한 자료에 대한 분석 결과를 제시한다. 내가 가장 많이 살려 준 캐릭터와 가장 많이 희생된 캐릭터가 나타나며, 각 도덕적 딜레마에 적용된 가치 기준에 따라 내가 무엇을 더 선호하는지 다른 사람과의 판단 결과 자료에 비교하여 내 위치를 보여준다.

③ AI와 놀아 보기

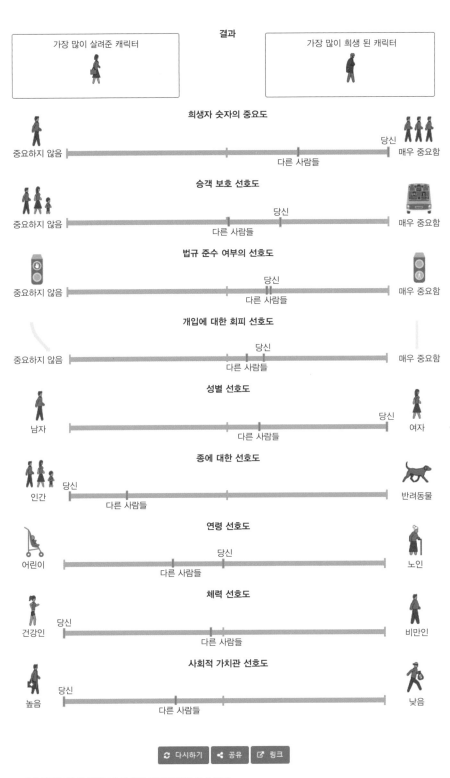

결과

| 가장 많이 살려준 캐릭터 | 가장 많이 희생 된 캐릭터 |

희생자 숫자의 중요도

중요하지 않음 ——————— 다른 사람들 ——— 당신 —— 매우 중요함

승객 보호 선호도

중요하지 않음 ——— 다른 사람들 — 당신 ——————— 매우 중요함

법규 준수 여부의 선호도

중요하지 않음 ——— 당신 / 다른 사람들 ——————— 매우 중요함

개입에 대한 회피 선호도

중요하지 않음 ——— 당신 / 다른 사람들 ——————— 매우 중요함

성별 선호도

남자 ——————— 다른 사람들 ——— 당신 —— 여자

종에 대한 선호도

인간 — 당신 / 다른 사람들 ——————— 반려동물

연령 선호도

어린이 ——— 다른 사람들 — 당신 ——————— 노인

체력 선호도

건강인 — 당신 ——— 다른 사람들 ——————— 비만인

사회적 가치관 선호도

높음 — 당신 ——— 다른 사람들 ——————— 낮음

🔄 다시하기   ◀ 공유   🔗 링크

▲ 내가 무엇을 더 선호하는지 내 응답 결과에 대한 분석 결과

무인 자동차 윤리적 판단이 필요한 사례 분석

2018년 10월 MIT 미디어랩은 모랄 머신 사이트에서 18개월 동안 233개 국의 230만 명이 참여한 4,000만 가지의 무인 자동차 윤리적 판단이 필요한 사례를 분석하여 《네이처》지에 발표했다. 연구 결과 거시적 관점에서의 윤리 기준은 애완동물보다는 사람을, 소수보다는 다수의 사람, 남성보다는 여성을, 비만한 남자보다는 운동선수를, 노숙자나 범죄자보다 기업 임원 등 사회적 지위가 높은 사람의 안전과 생명을 중요시한다는 결과가 나타났다.

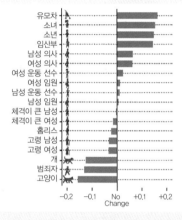

▲ 출처 Edmond Awad, Sohan Dsouza, Richard Kim, Jonathan Schulz, Joseph Henrich, Azim Shariff, Jean Francois Bonnefon & Iyad Rahwan, The Moral Machine Experiment, Nature, 2018. 10. 24.

문화와 경제력에 따른 윤리적 기준의 차이도 나타났는데, 개인주의 성향이 강한 나라일수록 젊은 층의 생명과 안전을 중요시하였으며, 집단주의 성향이 강한 나라에서는 고령층을 중요시하였다. 또 부유한 나라의 사람들은 빈곤한 나라의 사람들보다 무단 횡단자를 중요하지 않게 생각하였으며, 빈부 격차가 크게 나타나는 나라의 사람들은 노숙자보다 기업 임원의 생명을 중요하게 여겼다.

우리나라는 세계적인 평균과 비교해 동물보다는 사람을, 거동이 자유로운 사람보다는 불편한 사람을, 탑승자보다 보행자 안전과 생명을 중요하게 여기며 몸이 약한 사람, 기업 임원, 젊은 사람, 다수의 사람에 대한 중요도는 세계적 평균보다 낮게 생각하는 것으로 분석되었다.

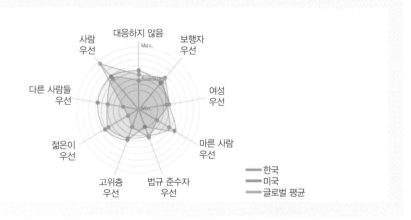

과연 나의 선택은?

모랄 머신의 한 장면을 선택해 자신은 어떤 선택을 할지 친구들과 생각을 나누어 보자.

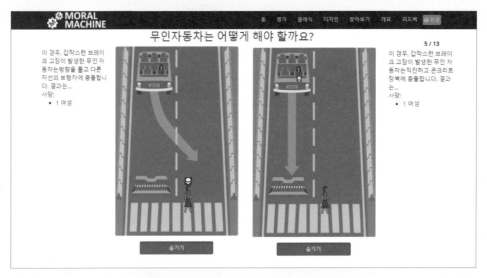

❶ 모랄 머신 게임을 진행하다가 고민이 되는 상황(친구들과 함께 토론해 보고 싶은 상황)을 선택한다.

❷ 자신이 선택한 상황과 그 이유를 설명한다.

❸ 친구가 선택한 상황과 그 이유를 들어 본다.

❹ 누구의 말이 옳은지 따지기보다 인공지능 기술을 활용할 때 사람들의 다양한 판단을 고려해야 한다는 것을 깨닫도록 한다.

AI 알기 : 인공지능과 윤리

'인공지능 윤리'는 4차 산업혁명이 시작되면서 등장한 새로운 용어이다. 인공지능이 미래 사회의 핵심 기술로 대두되었고, 이를 기반으로 효과적인 서비스를 제공하는 것은 국가의 경쟁력 강화에 결정적인 요소로 작용하고 있다. 하지만 그만큼 인공지능이 불러일으키는 사회적 이슈에 따른 윤리적 문제의 파장은 크며, 이에 대한 해결안을 마련하는 것은 인류의 중요한 과제가 되었다.

한국정보화진흥원(NIA)에서 발간한 '미래신호 탐지 기법으로 본 AI 윤리 이슈' 보고서는 안전성/신뢰성, 개인 사생활 침해, 기술 오남용, 책임성, 인간 고유성 혼란, AI 포비아 크게 6가지로 나누어 제시하고 있다.

안전성과 신뢰성 문제는 인공지능 알고리즘의 불완전성과 모순으로 인해 발생하는 위협에 대한 불안감과 도덕적 이슈를 말한다. 예를 들어 인간을 동물로 인식하는 등 자동 인식의 오류로 발생하는 도덕적 문제, 보안 서비스 로봇이 유아를 적대적인 대상으로 간주하여 공격하는 등 판단 오류로 인해 발생하는 사고 등이다. 특히 자율주행차가 행인과 탑승자 중 누구를 보호할지와 같은 인공지능의 윤리적 딜레마도 이에 해당한다. 즉, 인공지능의 의사결정권을 얼마나 어떻게 부여할 것인지, 어떻게 인간 사회의 가치와 법칙을 존중하도록 설계할 것인지가 핵심 문제이다.

사생활 침해 문제는 현재 가정에서 사용하고 있는 인공지능 개인 비서 서비스가 사용자의 연락처, 대화 내용, 집안 모습 등 개인 정보에 대한 접근 및 저장을 하게 될 때, 이 기기가 비서로 도움을 주지만 감시자가 될 가능성이 있다는 것이다. 실제 2015년 미국에서 발생한 살인 사건을 해결하기 위해 용의자가 갖고 있던 음성비서인 '알렉사'의 녹음 자료를 요청하기도 했다. 장기적인 관점에서 이러한 인공지능 서비스는 계속 유용하게 사용될 것이므로 기업에서는 데이터 수집과 개인 정보 보호에 더욱더 힘써야 할 것이다.

오남용 문제는 인공지능 기술이 사회 혼란 및 범죄, 전쟁 등 악의적인 목적으로 사용될 가능성에 관한 문제이다. 일부 사람들이 인공지능 채팅봇에 악의적인 대화 내용을 학습시키는가 하면 보안/군사용 로봇(살상용 로봇)을 활용하면서 인간의 개입 없이 로봇의 인간 살상을 오용하는 문제에 관한 논란이 가중되고 있다. 이러한 오남용 문제의 이면에는 개발자나 운영자가 통제할 수 없는 인공지능 기술의 심각한 문제점이 존재하고 있다.

책임성은 인공지능과 로봇이 의사 결정을 행사하는 것에 관한 우려와 책임 소재에 관한 문제이다. 의사가 내린 진단 결과와 상반되는 인공지능 진단 결과의 수용 여부를 어떻게 할 것인가, 오작동이나 시스템 설계 오류로 인해 발생한 문제의 책임과 과실의 범위를 어떻게 정할 것인가 하는

6부 · 인공지능과 윤리

15 자율주행 자동차의 딜레마 **219**

문제는 지속적인 논란을 일으키게 될 것이다. 이를 위해 인공지능 기술의 안전기준, 보험 및 인허가 제도, 개인 정보 및 사생활 보호 장치 등에 대한 대책이 마련되어야 한다.

인간 고유성 혼란은 인공지능 창작물로 인한 인간 고유의 영역 침해에 대한 우려와 인격화된 인공지능과 로봇으로 인한 가치 혼란에 관한 문제이다. 이미 인공지능은 미술, 음악, 문학 작품 등 인간의 고유 영역을 넘어서 뛰어난 능력을 보여 주고 있다. 뿐만 아니라 인간과 매우 흡사한 로봇의 인격화에 관한 논란이 제기되고 있다.

인공지능 포비아(AI Phobia)는 인공지능으로 인해 기계가 인간을 대체하거나 인간의 삶을 통제할 수 있을 것이라는 공포감과 거부감으로 인해 발생하는 문제이다. 주로 영화에서 묘사되는 인공지능 또는 로봇의 모습에서 그러한 공포감을 지속해서 느끼고 있으며, 최근 인간의 능력을 초월하는 인공지능을 보면서 그 공포감이 구체화하여 가고 있다. 더 나아가 일자리를 잃게 만들 수 있다는 전망은 사람들이 두려움을 느끼게 하는 데 충분하다.

이러한 인공지능의 윤리적 문제는 인공지능이 사회 전반에 활용되고 침투됨에 따라 더 다양하게 제기되고 있으나 이러한 문제에 대해 나라별, 기관별, 학사별로 그 대응 책을 마련하고 있다.

인공지능에 대한 윤리가 최초로 제안된 것은 1940년 공상과학소설 작가인 아이작 아시모프로부터 비롯된다. 그는 처음에는 3개의 법칙을 제시하였다가, 1984년 법칙 0을 추가하여 4개의 법칙으로 개정하였다. '아시모프의 법칙'이라 불리는 이 법칙들은 인공지능 개발자나 이용자가 지켜야 할 윤리가 아닌 '모랄 코드(moral code)의 원칙'을 제시한 것이다.

법칙 0 로봇은 인류(humanity)에게 해를 끼쳐서는 안 되며 위험에 처한 인류를 방관해서도 안 된다.

법칙 1 로봇은 인간(a human being)에게 해를 끼쳐서는 안 되며 위험에 처한 인간을 방관해서도 안 된다. 다만 이것이 **법칙 0**을 위반하는 경우는 예외로 한다.

법칙 2 로봇은 인간에 의해 주어진 명령(orders)에 반드시 복종해야 한다. 다만 그 같은 명령들이 **법칙 0** 또는 **법칙 1**과 어긋나는 경우는 예외로 한다.

법칙 3 로봇은 자기 자신을 보호해야 한다. 다만 자기 보호(protection)가 상위 법칙들과 어긋나지 않을 때만 유효하다.

이후 2010년 영국 EPSRC(Engineering & Physical Sciences Research Council)는 로봇 윤리 (Principles of Robots)에서 전체 인공지능 이슈를 설계자(designer), 구축자(builder), 사용자(user) 측면으로 확대하여 제시하였다.

2011년 닉 보스트롬과 엘러저 유드코프스키는 인공지능 개발 시 인간에게 해를 끼치지 않도록 보장해야 함을 강조했고, 더 진보적인 관점에서 인간처럼 도덕적 지위까지 부여해야 한다는 논의 도 제시하였다.

2016년 미국 국가과학기술위원회(NSTC)에서는 '인공지능의 미래를 위반 준비'라는 보고서에서 공공에서의 인공지능 응용, 인공지능 활용 및 확산을 위한 연방 정부의 역할, 인공지능과 규제, 연구 개발과 인력 양성, 자동화의 경제적 영향, 공정성 및 안전 통제, 국제 협력 및 사이버 보안 과 국방의 7개 주제별로 권고 사항을 제시하였다.

2016년 국제전기전자기술자협회(IEEE)는 '윤리적 디자인 (Ethically Aligned Design)'에서 엔지니어와 개발자들이 알고리 즘을 신중하게 설계하도록 윤리적 고려 사항의 우선 순위를 정 하고 교육을 받도록 권하고 있다. 관련 글로벌 전문가 100명 이 상이 모여 작성한 이 문서에는 기술 개발 시 윤리적 측면을 고 려하여 설계함과 설계자와 공급자가 가져야 할 책임성, 투명성, 인식 제고, 개인 정보 보호, 고용 문제 등에 대한 윤리적 필요성 에 대해 다루고 있다.

▲ 출처: https://standards.ieee.org/

2017년 미국 FLI((Future of Life Institute)는 '아실로마 인공 지능 23원칙'을 발표했다. 인공지능을 개발할 때 지켜야 할 23개 원칙에 대해 인공지능학자, 미 래학자 및 산·학·연 관계자 2,000여 명이 인공지능 윤리의 키워드인 안전성, 투명성, 책임성, 사생활 보호, 이익의 공유, 인공지능 무기 경쟁 방지 등에 서명하였다.

▲ FLI 설립자와 과학자문위원회
출처: https://futureoflife.org/team

　2017년 유럽 연합은 '로봇법 가이드라인'을 발표하며, 로봇 개발과 관련된 모든 개발자와 연구자, 설계자가 로봇 개발 시 인간의 존엄을 우선으로 생각하며 개인의 사생활을 존중하고 인간의 안전을 최우선으로 고려하여 행동해야 함을 제안하였다.

　이처럼 인공지능 윤리에 관한 논의는 초기에는 인공지능이나 로봇 자체의 윤리에 대해 논의하다가 사람의 윤리(개발자, 공급자, 이용자)로 확대되어 현재는 산업 분야별 윤리로 변화되고 있다.

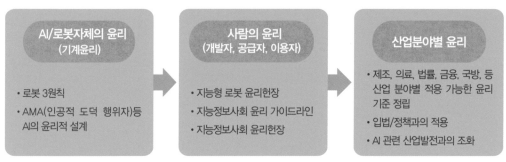

▲ 인공지능 윤리 담론의 변화 과정
출처: 1. 4차산업혁명위원회(2018), 4차 산업 혁명 시대 산업별 인공지능 윤리의 이슈 분석 및 정책적 대안방안 연구 2. 한국정보화진흥원 (2017), 미래신호 탐지 기법으로 본 인공지능 윤리 이슈—글로벌 동향과 전망

인공지능은 편견 덩어리?!

머신러닝에서 가장 중요한 것은 학습 모델을 만들기 위한 데이터이다. 앞서 활동에서 살펴봤듯이 머신러닝에서 어떤 데이터를 사용하느냐에 따라 만들어지는 학습 모델이 다르고 그에 따른 출력 결과가 나온다. 예를 들어 개의 사진을 잔뜩 입력하고 레이블을 고양이라고 줬다고 해보자. 그럼 컴퓨터는 개를 고양이라 학습을 하고, 만들어진 학습 모델에 근거하여 개 사진이 입력되었을 경우 '고양이'라는 분류 결과를 출력하게 될 것이다.

이렇게 잘못된 데이터의 학습으로 인해 편견을 만들어내는 것을 '인공지능의 편향'이라고 한다. 위의 극단적인 예가 아니어도 다양한 실험을 통해 인공지능의 편향성이 입증되고 있다. 구글 AI 리서치 프로그램 매니저 베키 화이트는 차량 충돌 사고로 AI 편향성 실험을 하였다. AI가 자동차 충돌이 발생했을 때 여성 탑승자가 남성 탑승자보다 사망률이 높다는 결과를 내놓은 것이다. 원인을 찾아보니 자동차 제조회사가 차량 출시 전 실시하는 충돌 실험에서 사용한 더미가 남성 신체여서 데이터가 남성 탑승자 위주로 수집이 되었고, 사고가 났을 경우 남성 탑승자만 안전했다.

신약 개발 과정에서도 남성 중심으로 데이터가 수집되어 여성에게 부작용이 더 많이 나타나며, 채용 인공지능에서도 남성 구직자에게 더 유리한 결과가 나타나고, 흑인 여성을 인식 못 하는 AI도 있어, AI의 편향성은 심각한 문제가 되고 있다.

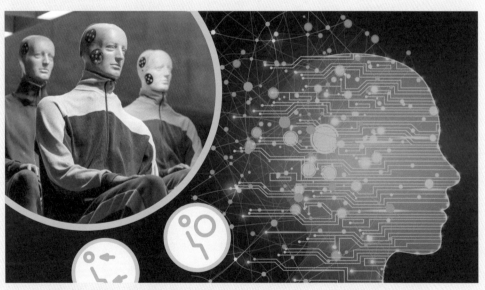

▲ 자동차 충돌 시험에 쓰이는 다양한 규격의 인체 더미들이다.

성별, 인종, 종교, 소득 등 사회 전반에 걸쳐 일어나고 있는 AI 편향성을 예방하는 것은 매우 중요하다. 베키 화이트는 AI 편향성을 선택 편향, 확인 편향, 자동 편향 세 가지로 나누어 설명하고 있다.

선택 편향은 수집한 데이터가 특정 지역에서 추출되어 그곳 문화의 특성이 드러나는 경우를 말한다.
확인 편향은 데이터 수집 과정에서 조사자가 가진 믿음이나 신념에 맞추어 수집되며 생기는 편향이다.
자동 편향은 머신러닝에서 다루기 쉬운 데이터를 선호하게 되고 이럴 때 배제되는 데이터로 인해 생기는 편향이다.

이 세 가지의 편향이 복합적으로 적용된 편향 사례가 구글에서 공개한 '성 편향성 조사 결과'에 잘 드러나고 있다. 대통령, 배관공 등은 남성, 간호사와 청소부 등은 여성으로 인식하고 있음을 알 수 있다.

가장 높은 여성 편견				가장 높은 남성 편견			
occupation	bias	occupation	bias	occupation	bias	occupation	bias
maid	59.2	librarian	20.1	undertaker	-73.4	captain	-53.4
waitress	52.5	obstetrician	16.9	janitor	-62.3	announcer	-51.1
midwife	50.9	secretary	13.7	referee	-60.7	architect	-50.7
receptionist	50.2	socialite	12.1	plumber	-58	maestro	-50.6
nanny	47.7	therapist	10.2	actor	-56.9	drafter	-46.7
nurse	45.4	manicurist	10.1	philosopher	-56.2	usher	-46.6
midwives	43.8	hairdresser	9.7	barber	-55.4	farmer	-45.4
housekeeper	36.6	stylist	8.6	umpire	-54.3	broadcaster	-45.2
hostess	32	homemaker	6.9	president	-54	engineer	-45.1
gynecologist	31.6	planner	5.8	coach	-53.8	magician	-44.8

▲ 여성 편향 점수가 가장 높은 직업(왼쪽)과 남성 편향 점수가 가장 높은 직업(오른쪽)
출처: https://developers.googleblog.com/2018/04/text-embedding-models-contain-bias.html

그러므로, AI가 만들어 내는 편향은 사람의 판단에 달려 있으며 그렇기 때문에 한쪽 분야의 한 사람이 아닌 공공정책, 기술자, 개발자, UX 디자이너, 교육자 등 다양한 사람들이 협력해야 한다. 교육에서는 이러한 편향성이 사회에 어떠한 영향을 미치는지 탐색해 보고, 데이터의 바른 수집과 정제 과정을 통해 학습 모델을 만들어 보고, 공유 및 평가해 보는 시간을 통해 AI를 바르게 이해하고 사용할 수 있는 관점을 길러주어야 할 것이다.

부록

구글 AI 실험실

https://experiments.withgoogle.com/collection/ai

구글 AI 실험실은 그림, 언어, 음악 등을 통해
머신러닝을 쉽게 탐색하고 활용할 수 있도록 만든
간단한 실험실입니다.

Lab 1 : 신경망과 그림 그리기
Draw Together with a Neural Network

1 AI 사이트 소개 ···

신경망과 그림 그리기

https://magenta.tensorflow.org/sketch-rnn-demo

RNN 모델을 이용하여 사용자가 그림을 그리기 시작하면 이를 기반으로 하여 어떤 개체를 계속 그릴 수 있을지 여러 가지 방법을 알려 주는 사이트이다. RNN(Recurrent Neural Network, 순환 신경망)은 반복적이고 순차적인 데이터(시퀀스 데이터)를 다루기에 적합한 알고리즘으로 기존 학습한 것과 새로운 입력을 바탕으로 새로운 데이터를 만들어 내는 것을 말한다. 예를 들면, 필기체로 단어를 쓸 때, 그다음에 어떤 단어가 나올지 예측하여 보여 준다.

Sketch-RNN 데모를 사용하여 그림을 그리다가 중단한 부분을 기반으로 어떠한 개체를 계속 그리는지 살펴볼 수 있다.

2 AI 플레이그라운드 ···

사이트에 들어가면 다양한 데모 사이트 주소가 제공된다. 주소를 클릭하여 실행해 본다.

❶ **신경망과 스케치하기**(https://magenta.tensorflow.org/assets/sketch_rnn_demo/index.html)

100개의 모델이 학습되어 있어서 오른쪽 위에서 모델을 선택한 후 그림을 그리기 시작하면 신경망이 나머지 그림을 추측하여 그림을 그린다. 다음 그림은 모나리자 모델을 선택하고 사람의 얼굴형을 그렸더니 나머지 부분을 신경망이 그린 그림이다.

❷ **다중 예측**(https://magenta.tensorflow.org/assets/sketch_rnn_demo/multi_predict.html)

　왼쪽 아래에서 모델을 선택하고 그림을 그리기 시작하면 다양하게 제시되는 신경망의 그림을
살펴볼 수 있다.

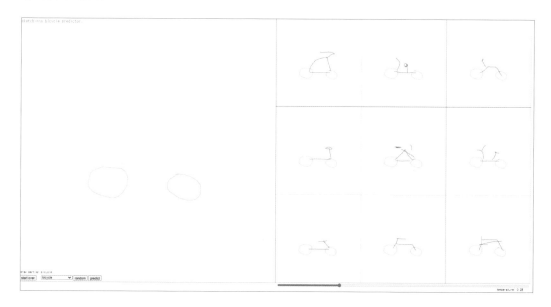

❸ **보간 데모**(https://magenta.tensorflow.org/assets/sketch_rnn_demo/interp.html)

　보간(interpolation)이란 알려진 값 사이(중간)에 있는 값을 추정하는 것을 말한다. 모델을
lionsheep을 선택하면 양쪽에 사자와 양 그림이 나타나고, 가운데 [interpolate!] 버튼을 클릭
하면 중간값이 나타나는 것을 볼 수 있다.

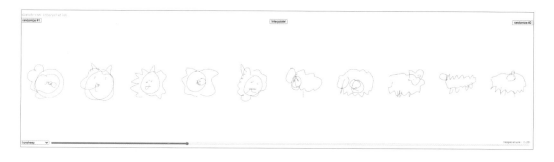

❹ 가변자동인코더(https://magenta.tensorflow.org/assets/sketch_rnn_demo/multi_vae.html)

가변자동인코더(Variational Autoencoder)는 새로운 그림을 예측하는 것이 아니라 그림을 모방하여 유사한 낙서를 생성한다. 왼쪽 영역에 완전한 그림을 그린 후 [auto-encode] 버튼을 누르면 모델이 오른쪽에 비슷한 그림을

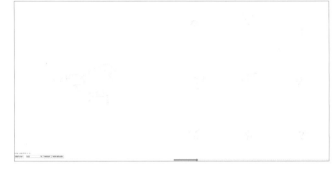

그려서 보여 준다. 똑같은 것이 아닌 모방하여 유사한 그림을 그리는 것을 볼 수 있다.

이것도 알아두면 좋아요! **RNN 알고리즘 학습에 유용**

위에 소개한 학습 사이트는 RNN 알고리즘을 이해하는 학습에 유용하게 활용할 수 있다. 음악, 동영상, 자연어, 음성 신호, 주가 차트 등의 데이터는 고정이 아닌 연속적인 시계열 데이터(시퀀스 데이터)라는 특징을 갖고 있다. 음악은 음계가, 동영상은 이미지가, 자연어는 단어들의 시퀀스로 이루어져 있다고 볼 수 있다. 그래서 이미지나 자연어 처리를 할 때 주로 사용을 한다.

다음 그림은 이미지에 설명을 붙여주는 캡션을 생성하는 것이며, 구글 번역기와 네이버 파파고 역시 RNN을 사용하고 있다.

▲ 신경망 이미지 캡션(NIC) 생성 예
출처: Oriol Vinyals, Alexander Toshev, Samy Bengio, Dumitru Erhan(2015). Show and Tell: A Neural Image Caption Generator

Lab ② : 프레디처럼 노래하기 FreddieMeter

> 프레디처럼 노래하기
> https://freddiemeter.withyoutube.com

프레디미터(FreddieMeter)는 프레디 머큐리(Freddie Mercury)를 기리기 위해 제작한 것으로 내가 부르는 노래가 프레디 머큐리의 목소리와 얼마나 일치하는지 평가하는 노래 도전 프로그램이다. 구글 리서치(Google Research)에서 개발한 새로운 머신러닝 모델을 사용하여 음색, 음조 및 멜로디가 프레디와 얼마나 가까운지 확인한다.

❶ [LET'S DO IT] 버튼을 클릭하여 시작한다.

❷ Freddie의 4개 노래 중 따라 부를 노래를 선택한다.

❸ 유선 헤드폰을 사용하면 더 정확하다.

❹ 노래 가사에 맞춰 1분 정도 노래를 부르면 내 노래가 Freddie와 얼마나 일지하는지 값을 알려 준다.

Lab ③ : 상호 작용하는 비디오
Interplay Mode-Making videos interactive with AI

 **AI 사이트 소개** ···

상호 작용하는 비디오 만들기

https://experiments.withgoogle.com/interplay–mode/view

　무언가를 배우기 위해 비디오 영상을 시청해본 적이 있나요? 비디오 영상은 여러 정보를 제공해주는 장점이 있지만 시청하는 사람이 제대로 학습하고 있는지 확인할 수는 없다. 하지만 이 프로그램을 활용하면 비디오 영상을 시청하면서 방금 본 것을 제대로 학습한 것이 맞는지 확인할 수 있다. 즉 비디오 영상과 상호 작용하면서 학습할 수 있다.

2 **AI 플레이그라운드** ···

● 한자 따라 쓰기 – 영상을 시청하며 순서에 맞게 한자를 따라 쓰면 된다.

● 히브리어 따라 쓰기 – 영상을 시청하며 순서에 맞게 히브리어를 따라 쓰면 된다.

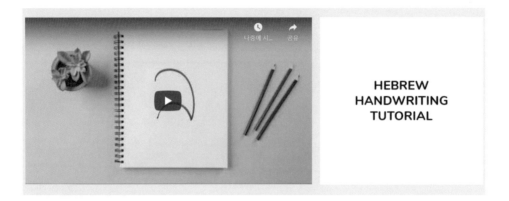

● 영어 듣고 받아쓰기 – 영상에 나오는 영어 단어를 듣고 철자를 순서대로 받아쓰면 된다.

● 문법 수업 – 영상을 시청하고 주어지는 문장을 문법에 맞게 완성하면 된다.

Lab 4 : 손으로 글자 바꾸기 Touch Type

손을 움직여 화면에 변화 주기

https://pose.yee.gd

이 프로그램은 손을 움직이면 슬라이드 쇼에 제시되는 글자의 모양을 손의 움직임에 따라 변형시킬 수 있다. 포즈넷(Posenet)의 간단한 신체 추적과 Coding Train의 Reynolds Flocking 알고리즘 예제를 활용하였다.

❶ 사이트 첫 화면에서 웹캠에 신체 중 손의 위치를 인식시킨 후 [Start] 버튼을 클릭한다.

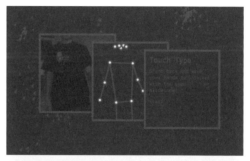

❷ 슬라이드 쇼에 영어 단어가 나타나고 손을 인식한 위치에 하얀 손이 생성된 것을 확인할 수 있다.

❸ 손을 움직이면 그 모양에 따라 슬라이드 쇼에 나타난 영어 단어에 변형이 나타난다.

Lab ⑤ : 그림자 예술 Shadow Art

1 AI 사이트 소개

그림자 예술

https://shadowart.withgoogle.com/?lang=ko

이 프로그램은 십이간지 동물을 AI의 도움을 받아 손 그림자로 표현하는 프로그램이다. 손으로 그림자 인형을 만들면 텐서플로(TensorFlow) 모델이 손이 구현하는 동물을 식별한다.

2 AI 플레이그라운드

❶ 시작하기 옆에 언어를 'Korean' 으로 설정하고 시작한다.

❷ 자신의 띠를 나타내는 동물을 선택하거나 생년월일을 입력한다.

❸ 자신의 띠에 해당하는 동물부터 시작하며 배경을 깨끗하게 해달라는 안내 문구가 나온다.

뱀띠이시군요!

1
원활한 그림자 놀이를 위해 카메라를
조정하는 동안 배경을 깨끗이 해 주세요.
2
선에 맞춰 손으로 모양을 만들어 주세요.

시작

❹ 화면에 나온 손 모양을 살펴본 후, 해당 동물의 손 그림자를 정확하게 표현하면, 다음 동물을 표현할 수 있으며, 총 12개의 동물을 제한 시간 안에 표현해야 한다.

Shadow Art

Rabbit

Lab 6 : 소리 맞히기 Imaginary Soundscape

1 AI 사이트 소개

사진을 보면 어울리는 소리를 상상하여 맞히는 프로그램

http://www.imaginarysoundscape.net

사진을 보면서 어울리는 소리를 상상할 수 있다. 예를 들어 해변은 파도가 부서지는 소리를, 차가 많은 교차로에서는 경적과 거리의 광고 소리를 떠올릴 수 있다. 이매지너리 사운드스케이프 (Imaginary Soundscape)는 AI가 사람이 사진을 보고 해당 사진에 어울리는 소리를 상상하듯 소리를 맞히는 프로그램이다.

2 AI 플레이그라운드

❶ 스트리트 뷰 찾아보기, 이미지 업로드 2가지 방법으로 시작할 수 있다. [스트리트 뷰 찾아보기] 버튼을 먼저 클릭한다.

❷ 오른쪽 아래에 해당 위치를 나타내는 지도와 함께 사진에 어울리는 소리를 AI가 추측하여 들려준다. 오른쪽 위에 [랜덤] 버튼을 클릭하면 임의의 장소로 이동 가능하며, 옆의 주소에는 원하는 주소를 입력해 볼 수도 있다.

❸ 이번에는 [이미지 업로드] 버튼을 클릭해 보자. 사진의 URL 주소를 복사하여 업로드하거나 컴퓨터에 있는 사진 파일을 바로 업로드할 수 있다.

❹ 경기장 이미지를 검색한 후 오른쪽 버튼을 클릭하여 이미지 주소 복사를 클릭한다. 해당 URL을 붙여넣기 한 후 업로드하면 해당 사진에 어울리는 소리를 확인할 수 있다.

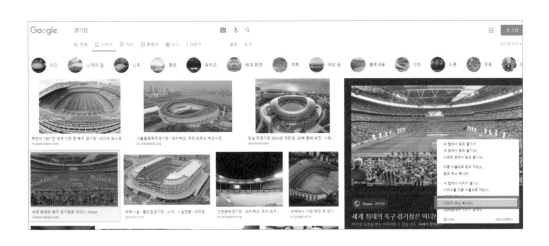

Lab 7 : 사진을 만화로 바꾸기 Cartoonify

1 AI 사이트 소개

사진을 만화로 바꾸기

https://www.kapwing.com/cartoonify

카투니파이(Cartoonify)는 신경망을 사용하여 업로드한 사진을 독특한 만화로 만들어 준다. 이 프로그램은 댄 맥니시(Dan Macnish)의 Draw This 프로젝트(촬영한 이미지를 만화로 바꾸는 카메라)를 활용하였다.

이 사이트를 통해 누구나 어떤 이미지든 만화로 만들 수 있다. 단색 배경에 투명한 물체가 있는 이미지를 활용하면 가장 좋은 결과물을 얻을 수 있다.

2 AI 플레이그라운드

❶ 사이트 첫 화면에서 컴퓨터에 저장된 사진을 업로드하거나 이미지 주소를 복사하여 사진을 업로드할 수 있다. 스크롤을 내려 보면 예시 작품을 확인할 수 있다.

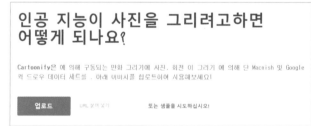

❷ 원하는 사진의 이미지 주소 복사를 한 후 URL 붙여넣기에 해당 주소를 넣어 주면, 다음 그림과 같이 만화로 바뀐 그림을 확인할 수 있다. 이는 퀵드로우 데이터 세트를 활용하였다.

Lab ⑧ : 같은 포즈 찾기 Move Mirror

1 AI 사이트 소개

움직임 거울

https://experiments.withgoogle.com/collection/ai/move-mirror/view/mirror

무브 미러(Move Mirror)는 웹캠을 켜고 움직이면 컴퓨터가 실시간으로 8만 장 이상의 사진으로 구성된 이미지 데이터베이스 안에서 자신의 움직임과 일치하는 포즈 사진을 가져온다.

2 AI 플레이그라운드

❶ 첫 화면의 [시도해봐!] 버튼을 클릭한다.

❷ 화면 왼쪽에서 내 움직임을 인식한다.

❸ 몸 전체가 들어가도록 하며 여러 사람이 참가해서는 안 된다.

❹ 화면 오른쪽에는 왼쪽의 나의 움
직임과 같은 동작을 수행하는 이
미지를 AI가 검색하여 보여 준다.

❺ GIF 파일로 저장할 수 있다.

❻ 사용법 안내가 끝나면 직접 체험
해 본다.

Lab 9 : 그림 예측하기 Scrying Pen

1 AI 사이트 소개

미래를 예측하는 펜

https://andymatuschak.org/scrying-pen

스크라잉 펜(Scrying Pen)은 주어진 제시어를 그리는 동안 앞으로 어떻게 그림을 그릴지 예측하여 보여 주는 프로그램으로 SketchRNN 기술을 활용하였다.

2 AI 플레이그라운드

❶ 첫 번째 제시어는 고양이이다. 화면에 고양이를 그리기 시작하면 내가 그린 그림은 검정 펜으로, AI가 앞으로 그릴 것으로 추측하는 것은 초록 펜으로 나타난다.

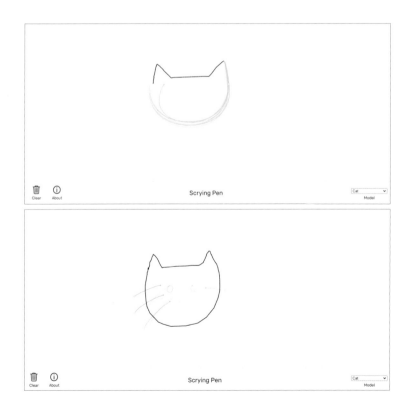

❷ 오른쪽 화면 아래에서 제시어를 바꿀 수 있다. 자전거를 클릭하여 그림을 그리기 시작하면, 마찬가지로 내가 그린 그림에 무엇을 그릴지 추측하여 초록 펜으로 제시하는 것을 확인할 수 있다.

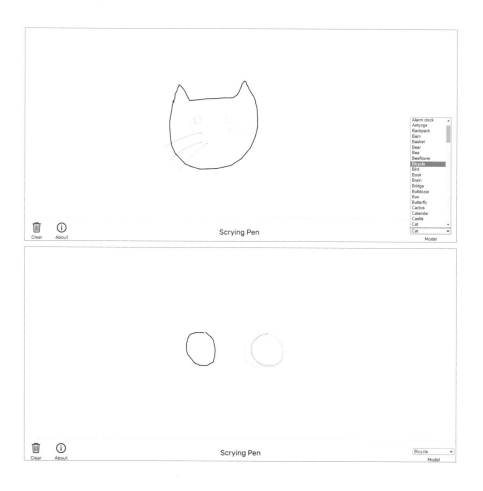

Lab ⑩ : 이모티콘에 해당하는 사물을 찾아라!
Emoji Scavenger Hunt

1 AI 사이트 소개

이모티콘 이미지를 실제로 찾아 사진 찍기

https://emojiscavengerhunt.withgoogle.com

이모지 스캐빈저 헌트(Emoji Scavenger Hunt)는 이모티콘을 보고 실제 사물을 찾아 사진을 찍는 게임이다. 우리가 매일 사용하는 이모티콘의 실물을 식별하기 위해 신경망과 휴대전화 카메라의 힘을 활용한다.

2 AI 플레이그라운드

❶ 이 프로그램은 휴대전화로 하는 것이 효과적이다. 첫 화면의 [놀자] 버튼을 클릭한 후, 제시되는 이모티콘의 실제 사물을 찾아 사진을 찍으면 된다.

❷ 시계 이모티콘을 18초 안에 찾아야 하므로 주변에서 시계를 찾아 사진을 찍으면 미션 성공, 다음 미션으로 넘어가게 된다.

Lab ⑪ : 음색의 조합 NSynth: Sound Maker

1 AI 사이트 소개

두 개의 다른 음색을 조합하여 새로운 음색 만들기

https://experiments.withgoogle.com/ai/sound-maker/view

Nsynth: 사운드 메이커(Nsynth: Sound Maker)는 두 종류의 서로 다른 음색을 조합하여 새로운 음색을 만들 수 있는 프로그램이다. 300,000개 이상의 악기 소리에 대해 신경망을 훈련시킨 연구 프로젝트인 Nsynth를 사용하였다.

2 AI 플레이그라운드

❶ 사이트 첫 화면의 [플레이] 버튼을 클릭한다. 작동 원리를 클릭하면 소리를 숫자로 바꾸어 서로 다른 두 음색을 혼합시킨다는 설명을 확인할 수 있다.

❷ 첫 번째로 혼합할 두 음색은 '트 롬본'과 '전자기타'이다.

가운데 슬라이더를 이동시켜 음 색의 비율을 정해줄 수 있다. 화 면 아래 피아노 건반을 클릭하면 새롭게 만들어진 음색을 들어볼 수 있다.

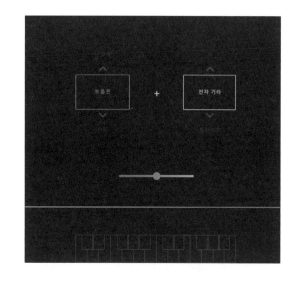

❸ 이번에는 왼쪽 음색을 플루트로 바꾸고 플루트 음색이 더 강해지 도록 슬라이더를 이동시키면 아 까와 비교하여 음색을 확인해 볼 수 있다.

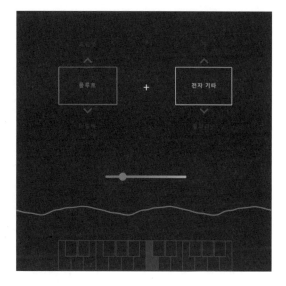

❹ 피아노 건반은 화면의 건반을 클릭해도 되고, 컴퓨터 키보드의 [A]부터 ['] 버튼으로 흰 건반을, [W]부터 [P] 버튼으로 검은 건반을 연주할 수 있다.

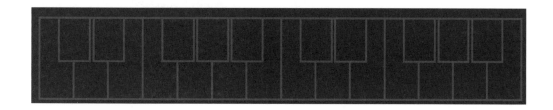

Lab 12 : 사진을 음악으로 Giorgio Cam

1 AI 사이트 소개

사진을 찍으면 음악을 만들어주는 사이트

https://experiments.withgoogle.com/ai/giorgio-cam/view

조지오 캠(Giorgio Cam)은 사진을 찍으면 AI가 이미지 인식을 사용해 보이는 것에 레이블을 지정한 후 그 레이블을 노래의 가사로 바꿔 음악을 들려주는 프로그램이다.

2 AI 플레이그라운드

❶ 사이트 첫 화면의 [LET'S GO] 버튼을 클릭한다.

❷ 화면이 바뀌면 기본 배경음악 연주가 시작된다. 웹캠에 휴대폰을 보여 주고 사진을 찍는다.

❸ 사진에 무엇이 찍혔는지 AI가 인식한다.

❹ 화면에 찍힌 물건을 가사로 만들어
음악을 들려준다.

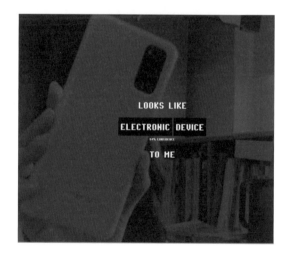

1 AI 사이트 소개

사물 번역기

https://thing-translator.appspot.com

씽 트랜스레이터(Thing Translator)는 물체를 사진으로 찍으면 그 이름을 다른 나라 언어로 확인할 수 있다. 구글의 머신러닝 API를 사용하여 만든 예이다.

2 AI 플레이그라운드

❶ 사물을 보여 주라는 안내 문구가 나온다.

❷ 영어와 스페인어로 어떤 단어인지 확인할 수 있다.

❸ SPANISH를 클릭하면 번역 가능한 여러 언어가
보인다. 한국어인 KOREAN을 클릭한다.

❹ 이번에는 영어와 함께 한국어로 번역된 것을 확인
할 수 있다.

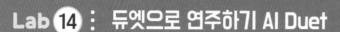

1 AI 사이트 소개 ···

AI 듀엣
https://experiments.withgoogle.com/ai-duet

AI 듀엣(AI Duet)은 음을 연주하면 AI가 그 멜로디에 반응하여 듀엣으로 연주를 한다. 연주 방법은 화면의 피아노 건반이나 키보드를 클릭해도 되고 MIDI 키보드를 연결하여 연주해도 된다.

❶ 'PLAY' 버튼을 눌러 시작한다.

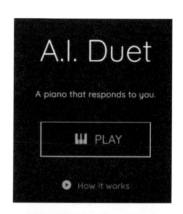

❷ 내가 연주한 음은 파란 음으로, AI가 듀엣으로 연주하는 음은 노란 음으로 표시된다.

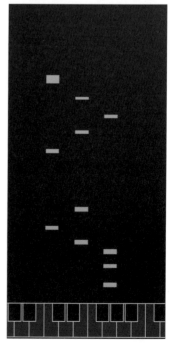

❸ 건반을 길게 누르면 세로로 길게 표시되며, 긴 음
이 연주되는 것을 확인할 수 있다.

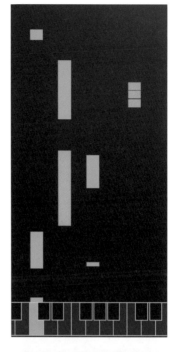

❹ 화면의 피아노 건반을 클릭하는 것 외에 키보드
자판을 클릭하거나 MIDI 키보드와 연결하여 연주
해도 된다. 자유롭게 AI 듀엣 연주를 체험해 본다.

AI 플레이그라운드

2020. 11. 25. 1판 1쇄 인쇄
2020. 12. 4. 1판 1쇄 발행

지은이 | 한선관, 류미영, 정유진
펴낸이 | 이종춘
펴낸곳 | BM (주)도서출판 성안당
주소 | 04032 서울시 마포구 양화로 127 첨단빌딩 3층(출판기획 R&D 센터)
      | 10881 경기도 파주시 문발로 112 파주 출판 문화도시(제작 및 물류)
전화 | 02) 3142-0036
      | 031) 950-6300
팩스 | 031) 955-0510
등록 | 1973. 2. 1. 제406-2005-000046호
출판사 홈페이지 | **www.cyber.co.kr**
ISBN | 978-89-315-5685-8 (93000)
정가 | 19,000원

이 책을 만든 사람들
책임 | 최옥현
기획 | 조혜란
진행 | 장윤정
교정·교열 | 장윤정
일러스트 | 김학수
표지·본문 디자인 | 앤미디어
홍보 | 김계향, 유미나
국제부 | 이선민, 조혜란, 김혜숙
마케팅 | 구본철, 차정욱, 나진호, 이동후, 강호묵
마케팅 지원 | 장상범, 조광환
제작 | 김유석

www.cyber.co.kr
성안당 Web 사이트

이 책의 어느 부분도 저작권자나 BM (주)도서출판 성안당 발행인의 승인 문서 없이 일부 또는 전부를 사진 복사나 디스크 복사 및 기타 정보 재생 시스템을 비롯하여 현재 알려지거나 향후 발명될 어떤 전기적, 기계적 또는 다른 수단을 통해 복사하거나 재생하거나 이용할 수 없음.

■ **도서 A/S 안내**

성안당에서 발행하는 모든 도서는 저자와 출판사, 그리고 독자가 함께 만들어 나갑니다.
좋은 책을 펴내기 위해 많은 노력을 기울이고 있습니다. 혹시라도 내용상의 오류나 오탈자 등이 발견되면 **"좋은 책은 나라의 보배"**로서 우리 모두가 함께 만들어 간다는 마음으로 연락주시기 바랍니다. 수정 보완하여 더 나은 책이 되도록 최선을 다하겠습니다.
성안당은 늘 독자 여러분들의 소중한 의견을 기다리고 있습니다. 좋은 의견을 보내주시는 분께는 성안당 쇼핑몰의 포인트(3,000포인트)를 적립해 드립니다.
잘못 만들어진 책이나 부록 등이 파손된 경우에는 교환해 드립니다.